ブルーベリー生産の基礎

日本ブルーベリー協会副会長
玉田孝人 著

東 京
株式会社
養賢堂発行

ノーザンハイブッシュの有望品種①

①あまつぶ星(本文,図2-2);②おおつぶ星(図2-3);③デューク(図2-5);④アーリーブルー(図2-6);⑤コリンズ(図2-7);⑥パトリオット(図2-8);⑦ブルージェイ(図2-9);⑧エチョータ(図2-10).

ノーザンハイブッシュの有望品種②

①スパータン（図2-11）；②ブルーヘブン（図2-12）；③ブルークロップ（図2-13）；④ブルーレイ（図2-14）；⑤レガシー（図2-15）；⑥シェイラ（図2-17）；⑦ブリジッタブルー（図2-19）；⑧チャンドラー（図2-20）．

ノーザンハイブッシュの有望品種③
サザンハイブッシュの有望品種①

①コビル（図2-21）；②レイトブルー（図2-22）；③オニール（図2-23）；④スター（図2-24）；⑤サファイア（図2-26）；⑥ミスティー（図2-27）；⑦サウスムーン（図2-28）；⑧オザークブルー（図2-30）．〔①，②ノーザンハイブッシュ；③～⑧サザンハイブッシュ〕

ハーフハイブッシュの有望品種①
ラビットアイの有望品種①

①ノースランド(図2-33);②ポラリス(図2-34);③アラパファ(図2-38);④オースチン(図2-41);⑤ブライトウェル(図2-42);⑥ティフブルー(図2-46).〔①,②ハーフハイブッシュ;③〜⑥ラビットアイ〕

発刊によせて

東京農工大学名誉教授
日本ブルーベリー協会 会長
志村　勲

　農学の研究者として農学書発行の老舗（株）養賢堂から著作が出版されるのは，大変名誉なことであり，この度の玉田氏のブルーベリーに関する著書発刊を心からお祝い申し上げます．

　さて，ブルーベリーは北米に自生する野生種からアメリカ農務省の研究者によって，20世紀の初期から，選抜・改良が始められて100年程が過ぎ，今日に見られる栽培ブルーベリーの姿となりました．現在では世界各地にその栽培が広がりつつある小果樹であります．

　日本へは1951年に初めてアメリカから導入され，その時以来，ほぼ60年の歳月が過ぎております．今日に至って，日本でもようやくブルーベリーの名前が知られるようになり，各地で経済栽培されるようになりました．

　この栽培・普及の基礎となったのは，故岩垣駛夫博士（元東京農工大学教授）によって，1964年から始められた「ブルーベリーの生産・開発に関する研究」から蓄積された成果であります．

　本書の著者玉田氏は，東京農工大学研究科修士課程在学中に，故岩垣教授から果樹栽培の手ほどきを受けるとともに「ブルーベリーの結実・果実の発育に関する研究」のテーマを与えられ，ブルーベリー研究の一翼を担う研究者としての道を歩みはじめました．卒業後の同氏は千葉県農業大学校に勤務し，そこで定年に至るまで30有余年の歳月をブルーベリーの研究と農業後継者の教育に従事しました．

　私は同氏を研究者として非常に幸福であったと思います．それは，同氏

が大学院生時に与えられたテーマを，30有余年も変更することなく，ブルーベリーにとりつかれて，それ一筋に歩んでこられたからであります．長い年月，研究者として過ごされた課程では，大勢の先輩，同僚などの協力，良き理解があったことでしょうが，同氏自身のたえざる努力，情熱がそれに答えられたのでありましょう．

玉田氏の研究はブルーベリーフルーツの結実特性，花芽分化，栄養特性，樹体の栄養診断法などの多分野にわたっています．その成果は国内・外の諸学会で発表されており，同氏が日本のブルーベリー研究の第一人者として評価されている由縁であります．

退職後の同氏は日本ブルーベリー協会の副会長として同会の運営にあたられるとともに，ブルーベリー栽培の振興をはかるため各地で栽培指導にあたられ，また，出版物をとおして消費の拡大を図るため消費者への啓蒙活動を精力的に行っています．

本書はそのような経歴をもつ玉田氏が栽培ブルーベリーの誕生から栽培技術，そして果実の品質や機能性などに関する諸論文をとりまとめて解説するとともに，現場のほ場で発生する諸問題への対策を含む内容となっています．

研究者，普及関係者，栽培者，農業大学校の学生達はもちろんのこと，市場関係者の方にとっても，本書はきわめて有益な「座右の書」となることでしょう．

はじめに

　わが国におけるブルーベリー生産は，今日なお，目ざましい成長を続けている．1994年，全国の栽培面積は184 ha，生産量は460 tであったが，2005年にはそれぞれが約700 ha, 1,400 tにまで拡大している．その主な推進力は，一つは形質の優れた新品種の導入，二つには栽培技術の向上，そして三つ目は果実が「眼にいい」・「抗酸化作用」をキーワードとする高い機能性を持っていることが明らかになったことであった．これらの力によって良品質の果実が生産され，健康果実としての評価が高まり，消費が拡大した．

　各地にブルーベリー栽培に成功した経営体が生まれ，特産地が形成されているが，一方では，樹の生育が優れない，果実品質に難があるといった果実生産の基本にかかわる課題を抱えた生産者もみられる．このような状況のもとで，ブルーベリーに関する総合的な情報提供を求められ，個々の技術についても根拠となるデータを求められる機会が多くなっていた．こうした要望に答えたいという思いが本書を著す動機である．

　幸いにも著者は，「農業および園芸」誌上に"ブルーベリー生産の基礎"（1996年7月号〜'99年7月号），および"ブルーベリー栽培に挑戦"（2003年4月号〜'05年3月号）という題で記事を連載していた．そこで，これらの記事を骨子にし，新しい研究成果を加えて本書をまとめることにした．本書は全体を三部構成とし，Ⅰの総論ではブルーベリーの誕生，日本および世界における生産状況，分類，形態について取り上げた．Ⅱの栽培技術では品種選定，立地条件から始まって病害虫防除，施設栽培まで一連の技術について詳しく述べた．そしてⅢでは果実の保健成分および機能性について取り上げた．そのため多くの著書および研究論文を参考ないし引用させていただいたが，十分意に満ちた解説をなすことができなかった点も多く，

これはひとえに著者の浅学非才によるものであることをお詫び申し上げる．

　このような本書がブルーベリー生産者はもとより，栽培および果実利用に関心のある方々，普及指導，教育，研究に携わっている方々に活用され，今後の生産振興に少しでも役立つところがあれば誠に幸いである．

　著者は現在までおよそ40年にわたってブルーベリーの生産開発に携わってきたが，それは多くの方々に支えられてのことであった．とくに，直接ご指導をいただいた元東京農工大学教授の（故）岩垣駛夫博士，ならびに今日まで普及活動を見守り，研究分野の道標を示していただいた東京大学名誉教授の岩田正利博士によるご指導ご鞭撻のおかげであった．また，東京農工大学名誉教授・現日本ブルーベリー協会長の志村勲博士にはご校閲をいただき，その上発刊によせて温かいお言葉をいただいた．ここに先生方のご恩に謹んで深甚の謝意を捧げる．

　さらには，著者が40年の大半を過ごした農業後継者の養成を目的とした千葉県農業短期大学校および農業大学校にあって，ブルーベリーの調査研究ができる環境を与えてくださった県関係者の皆様と，著者の果樹園芸教室で卒業論文をまとめられた卒業生諸氏に心からお礼申し上げる．

　最後に，「農業および園芸」誌上における記事の連載から本書の刊行まで多大なご厚情をいただいた（株）養賢堂社長の及川　清氏，ならびに同社の歴代の編集部長・（故）大津弘一氏，矢野勝也氏，池上　徹氏，現編集部の佐藤武史氏には深く感謝申し上げる．

2008年8月
玉田孝人

目 次

I. 総論 …… 1

第1章 栽培ブルーベリーの誕生 …… 1

1. ブルーベリーとアメリカ人 …… 1
2. 栽培ブルーベリーの誕生 …… 2
   (1) ハイブッシュおよびローブッシュブルーベリーの品種誕生 … 2
   (2) ラビットアイブルーベリーの品種誕生 …… 4

第2章 日本におけるブルーベリー生産 …… 5

1. 栽培普及の歴史 …… 5
   (1) ブルーベリーの導入 …… 5
   (2) 栽培普及の過程 …… 6
2. 今日における生産状況 …… 9
   (1) 栽培面積および果実生産量 …… 9
   (2) 果実の消費 …… 9

第3章 世界におけるブルーベリー生産 …… 11

1. 栽培面積および生産量 …… 11
2. 主要国における生産状況 …… 13
   (1) 北アメリカ …… 13
   (2) 南アメリカ …… 16
   (3) ヨーロッパ …… 17
   (4) アフリカ …… 20
   (5) オセアニア …… 20
   (6) アジア …… 21

第4章 分類 …… 22

1. 植物学的分類 …… 22
   (1) スノキ属の主要な「節」の特徴 …… 22
   (2) シアノコカス節植物の特徴 …… 24
2. 世界のスノキ属植物 …… 31
   (1) 日本のスノキ属植物 …… 31
   (2) ヨーロッパのスノキ属植物 …… 32
   (3) 中国のスノキ属植物 …… 33

第5章 形態 …… 33

1. 樹は低木性 …… 33
2. 葉芽（枝芽） …… 33
   (1) 枝の伸長 …… 34
   (2) 新梢の種類 …… 34
3. 葉 …… 35
4. 花 …… 35
   (1) 花芽 …… 36
   (2) 小花 …… 36
   (3) 開花 …… 37
5. 果実 …… 37
   (1) 果実の生長と外観の変化 …… 37
   (2) 果形および果実の構造 …… 38
6. 根 …… 39
   (1) 繊維根 …… 39
   (2) 根の分布 …… 39

II. 栽培技術 …… 41

目 次

第1章 ブルーベリーのタイプおよび品種の選定……………41
1. ブルーベリーのタイプ …………41
   (1) ハイブッシュのグループ……41
   (2) ラビットアイ ………………43
   (3) 野生（ワイルド）ブルーベリー
       ………………………………43
2. 品種選定の判断基準 ……………44
   (1) 成熟期 ………………………44
   (2) 樹性 …………………………45
   (3) 収量 …………………………46
   (4) 品質 …………………………46
   (5) 生態的特性 …………………47
   (6) その他の特性 ………………47

第2章 品種の特徴 ……………48
1. ノーザンハイブッシュの品種
   ………………………………………48
   (1) 日本で育成された品種………48
   (2) 極早生品種 …………………49
   (3) 早生品種 ……………………50
   (4) 早生～中生品種………………51
   (5) 中生品種 ……………………53
   (6) 中生～晩生品種………………55
   (7) 晩生品種 ……………………56
2. サザンハイブッシュの品種………57
   (1) 早生品種 ……………………57
   (2) 早生～中生品種………………59
   (3) 中生品種 ……………………59
   (4) 中生～晩生品種………………60
   (5) 晩生品種 ……………………60
3. ハーフハイハイブッシュの品種…61
   (1) 生果用品種 …………………62
   (2) 観賞用品種 …………………63
4. ラビットアイの品種 ……………64
   (1) 極晩生・前期の品種…………64
   (2) 極晩生・中期の品種…………66
   (3) 極晩生・後期の品種…………67

第3章 苗木養成 ……………68
1. 挿し木 ……………………………69
   (1) 休眠枝挿し …………………69
   (2) 緑枝挿し ……………………72
2. その他の繁殖法 …………………73
   (1) 接ぎ木 ………………………73
   (2) 吸枝（サッカー）……………74
   (3) 種子繁殖 ……………………74
   (4) ミクロ繁殖 …………………74
3. 母樹園の設置 ……………………74

第4章 立地条件 ……………75
1. 気象条件 …………………………75
   (1) 年平均気温とブルーベリーの
       タイプ ………………………75
   (2) 成長期の気温 ………………76
   (3) 休眠期の気温 ………………79
   (4) 日光 …………………………80
   (5) 月別降水量 …………………81
   (6) 無霜期間 ……………………82
2. 土壌条件 …………………………82
   (1) 土性 …………………………82
   (2) 通気性・通水性………………83
   (3) 土壌有機物 …………………84

(4) 土壌 pH ……………………… 84
　(5) 総合すると有効土層の深い土壌
　　　……………………………… 85

第5章　開園準備および植え付け
　　　……………………………… 85
1. 園地の諸準備 …………………… 85
　(1) 園地の平地化 ………………… 85
　(2) 多年生雑草の防除 …………… 86
　(3) 有機物の補給および被覆作物の
　　　栽培 ………………………… 86
　(4) 土壌 pH の調整 ……………… 86
2. 植え穴の準備 …………………… 87
　(1) 普通畑および樹園地 ………… 87
　(2) 開墾地および水田転換園 …… 87
3. 植え付け ………………………… 88
　(1) 混植 …………………………… 89
　(2) 植え付け時期 ………………… 89
　(3) 植え付け距離 ………………… 89
　(4) 植え付け直後の管理 ………… 90
4. 植え付け後1～2年間の管理
　　　……………………………… 90
　(1) 灌水 …………………………… 90
　(2) 有機物マルチの補給と雑草防除
　　　……………………………… 91
　(3) 施肥 …………………………… 91
　(4) 害虫防除および野兎対策 …… 91
　(5) 主軸枝の確保 ………………… 91

第6章　土壌管理および灌水 …… 92
1. 土壌管理 ………………………… 92
　(1) 根の分布 ……………………… 92

　(2) 根の伸長 ……………………… 92
　(3) 土壌管理法 …………………… 94
　(4) 有機物マルチの効果 ………… 96
　(5) 雑草防除 ……………………… 97
　(6) 下層土の改良 ………………… 97
2. 灌水 ……………………………… 98
　(1) 灌水量の基準 ………………… 98
　(2) 灌水方法 ……………………… 99
　(3) 灌水の効果 ……………………100

第7章　栄養特性，施肥および栄養
　　　診断 ………………………101
1. ブルーベリー樹の栄養特性
　　　………………………………101
　(1) 好酸性 …………………………101
　(2) 好アンモニア性………………102
　(3) 葉中無機成分濃度……………102
2. 施肥 ………………………………103
　(1) 施肥の目的 ……………………104
　(2) 肥料の種類 ……………………105
　(3) 施肥法 …………………………106
3. 栄養診断 …………………………109
　(1) 主要成分の欠乏および過剰症状
　　　………………………………109
　(2) 葉分析 …………………………111
　(3) 土壌診断 ………………………112

第8章　花芽分化，受粉および結果
　　　………………………………112
1. 花芽分化および開花 ……………113
　(1) 花芽分化 ………………………113
　(2) 開花 ……………………………115

2. 受粉 ……………………………116
　（1）訪花昆虫 …………………116
　（2）他家受粉が望ましい………117
　（3）実際栽培園に勧められる方法
　　……………………………………118
3. 結果 ……………………………119
　（1）受精 …………………………119
　（2）単為結果 ……………………121

第9章　果実の成長および成熟
……………………………………121

1. 果実の成長 ……………………121
　（1）二重S字型曲線の成長周期…121
　（2）果実の成長とタイプ，および受粉
　　の種類 …………………………122
　（3）果実の成長と成長調節物質…123
　（4）果実の成長と果実の大小および
　　種子数 …………………………124
　（5）種子の発育 …………………124
2. 成熟に伴う生理作用 …………125
　（1）着色段階の区分……………125
　（2）クライマクテリック型果実…126
　（3）成熟に伴う化学的変化………126
　（4）成熟に伴う物理的変化………128

第10章　収穫および出荷 ………129
1. 収穫 ……………………………130
　（1）収穫開始期および収穫期間…130
　（2）収穫適期 ……………………130
　（3）1樹当たりの収量 …………130
　（4）収穫方法 ……………………131
　（5）収穫上の注意点………………132

2. 出荷 ……………………………133
　（1）果実温の低下 ………………133
　（2）選別 …………………………133
　（3）規格 …………………………134
　（4）予冷 …………………………135
　（5）容器と包装 …………………135
　（6）店頭に並んだ果実……………136
　（7）貯蔵 …………………………137

第11章　整枝・剪定 ………………138
1. 整枝・剪定の目的 ……………138
　（1）幼木時代および若木時代の前半
　　まで ……………………………138
　（2）若木時代の後半から成木時代
　　……………………………………139
2. 整枝・剪定上の留意点 ………139
　（1）枝の呼称と性質………………139
　（2）剪定の種類 …………………141
　（3）剪定の対象となる枝…………143
　（4）整枝・剪定と樹性……………143
　（5）整枝・剪定は毎年行う ……144
3. 整枝，剪定の一例 ……………145
　（1）若木時代の剪定 ……………145
　（2）成木時代の剪定 ……………146
4. 古い樹の若返り ………………147

第12章　気象災害と対策 ………149
1. 強風害 …………………………149
2. 雪害 ……………………………149
3. 霜害 ……………………………150
4. 干害 ……………………………151

第13章　病気および害虫の防除 ……151
1. 主要な病気 ……151
   - (1) 灰色かび病 ……152
   - (2) アルタナリアリーフスポットおよびフルーツロット ……153
   - (3) マミーベリー ……153
   - (4) アンスラクノーズフルーツロット ……154
   - (5) ボトリオスファェリアステムキャンカー ……154
   - (6) 根腐れ病 ……155
2. 主要な害虫 ……155
   - (1) コガネムシ類 ……155
   - (2) ハマキムシ類 ……156
   - (3) ケムシ類 ……156
   - (4) カイガラムシ類 ……157
   - (5) 日本における主要害虫 ……157

第14章　鳥獣害と対策 ……160
1. 鳥害 ……161
   - (1) 鳥害の特徴 ……161
   - (2) 防除法 ……161
2. 獣害 ……162
   - (1) イノシシ ……162
   - (2) シカおよびカモシカ ……162
   - (3) 野兎 ……163

第15章　施設栽培 ……164
1. 加温栽培の特徴 ……164
   - (1) 施設および内部の設備 ……164
   - (2) 栽培環境 ……164
   - (3) 樹の特徴 ……165
2. 加温栽培の一例 ……166
   - (1) 品種 ……166
   - (2) 鉢栽培 ……166
   - (3) 温度管理 ……167
   - (4) 灌水および施肥 ……168
   - (5) 結実管理 ……168
   - (6) 収穫期および果実品質 ……168
   - (7) 加温栽培にあたって ……169

III．果実品質，保健成分および機能性 ……171

第1章　店頭に並んだ果実の品質 ……171
1. 流通過程における果実の傷み ……171
2. ブルーベリー果実の品質 ……171
   - (1) 生食の場合の品質評価 ……172
   - (2) 加工品の場合 ……173

第2章　ブルーベリーの保健成分 ……173
1. 果実の栄養成分 ……173
   - (1) 廃棄率ゼロ ……174
   - (2) エネルギー ……175
   - (3) 無機質 ……175
   - (4) ビタミン類 ……175
   - (5) 食物繊維 ……176
2. ブルーベリーの糖，有機酸およびアミノ酸 ……177
   - (1) 糖 ……177
   - (2) 有機酸 ……177
   - (3) アミノ酸 ……178

第3章　果実の機能性……………178

1. ブルーベリーの果色はアントシアニン色素……………………………178
   - （1）15種類のアントシアニン色素は共通……………………………178
   - （2）果色の相違 …………………179
   - （3）アントシアニン含量…………180
2. ビルベリーの機能性 ……………181
   - （1）ビルベリーのアントシアニン
     …………………………………181
3. ブルーベリーの強い抗酸化作用‥183
   - （1）ポリフェノール………………183
   - （2）抗発がん性 ……………………184
   - （3）心疾患―アテローム性動脈硬化
     …………………………………184
   - （4）老化の遅延（予防）…………185
4. 栽培ブルーベリーの特徴…………186

引用文献……………………………187
索引…………………………………200

I. 総論

第1章　栽培ブルーベリーの誕生

　栽培ブルーベリーは，'20世紀生まれ'の果樹である．20世紀の初め，アメリカ農務省（以下USDAと略）の育種計画によって，同国に自生するスノキ属シアノコカス節植物のうちから，栄養体選抜法により，とくに果実形質の優良な株が選抜されて栽培に移されたのが品種改良の始まりである．
　本章では，栽培品種の誕生，品種改良の歴史における初期の状況について概観する．

1．ブルーベリーとアメリカ人

　ブルーベリーはアメリカ人にとって「命の恩人」といわれるほど特別な思いが込められた果実である．その理由は二つある．その一つはアメリカ原産であり，古くから先住民によって食されていたことである．他は，アメリカ建国の祖となったヨーロッパからの初期の移住者が，先住民から分けてもらったブルーベリーの乾果やシロップのおかげで冬期の厳しい寒さや病気から身を守り，飢えを乗り越えることができたことによるといわれている．
　19世紀の中ごろまで野生のブルーベリー，とくにローブッシュ果実の採集は，土地の所有権に関係なく自由に行われ，一般家庭の楽しみであった．しかし，南北戦争（1861～1865年）を界に事情が一変した．戦争当時，果実が軍隊に供給され，またその缶詰が製造されるなど，ブルーベリーが商品として売買の対象となった．そこで土地所有者は，それまで市民に開放していた土地からブルーベリー採集者を締め出し，さらに収量を高めるために除草，焼き払いによる剪定を行うなど，野生株の群落を管理するよう

になった．このようなローブッシュ群落の管理は現在も行われて果実が収穫され，アメリカやカナダから輸出されている．

2．栽培ブルーベリーの誕生

南北戦争によってブルーベリーが売買の対象となり，また戦争終了後は，都市部（とくにマサチューセッツ州ボストン市）における人口増加が進んで，果実の需要が高まっていた．そのため1880年代には野生種の栽培化が多くの州で試みられていたようである．しかし当時は，ブルーベリー樹の成長が酸性土壌で優れることや繁殖方法などが明らかでなく，多くの園芸作物と同様に肥沃で土壌pHが高い土地に移植されたため，栽培化に成功した例はきわめて少なかったといわれる（Gough 1994）．

野生ブルーベリーの栽培化は，1906年，USDAのコビル（F. V. Coville）が，野生のハイブッシュ＊群から栄養体選抜法によって選抜した系統の栽培に着手したことから始まる（Eck and Childers eds. 1966）．この年次は，野生植物から栽培化への努力が始められた時期であり，ブルーベリー育種の出発点といえる．

(1) ハイブッシュおよびローブッシュブルーベリーの品種誕生

1906年の秋，コビルはアメリカ北東部のニューハンプシャー州グリーンフィールド（Greenfield）から，大きさが1.3 cmくらいで，風味のよい果実を着けているハイブッシュ（*V. corymbosum* L.）の株を選抜し，栽培を始めた．その株は'ブルックス'（Brooks）と名付けられた．これは品種名の付けられたブルーベリー第1号である．

またコビルは1908年から選抜種を用いて品種改良に着手し，1909年にローブッシュ（*V. angustifolium* Aiton）の系統選抜を行い，前述のグリーンフィールドから株を選抜し，その株を'ラッセル'（Russell））と命名している．

さらにコビルは，1910年にブルーベリー樹が好酸性植物であり，成長は

＊ブルーベリーのタイプおよびグループ名は，フルネームで記すべきところ，本書では，一部の例外を除き略した（例　ハイブッシュブルーベリー→ハイブッシュ）．

有機物含量および石灰含量が高くて肥沃な土壌で劣ること，根の特性，挿し木，交配の方法など，それまでに行った栽培学的試験結果をとりまとめて「Experiments in Blueberry Culture」としてUSDAから公表した．この報告書は，ニュージャージー州ホワイツボグ（Whitesbog，同州の中央南部に位置）で，父の営むクランベリー園の手伝いをしていたホワイト女史（E. C. White）の関心を強く引

図1-1　アメリカ・ニュージャージー州中央南部のホワイツボグ（Whitesbog）．
ホワイト女史（E. C. White）のデモンストレーションほ場．野生種から選抜された'キャッツワース'，'グロバー'などが植え付けられている．

き付けた．その後のホワイト女史は，コビルに栽培試験のために土地を提供し，各種の協力を惜しまなかった．とくに，従業員である野生クランベリーの採集者には大きな果実を着けたブルーベリー株を探すように指示している．果実の大きさの基準は，彼女の指輪であったといわれる．

　その結果，野生の群落中から選抜された大きい果実を着ける株はほ場に移植され，挿し木で増やされた．さらにそれらの中から選抜された個体が，'アダムズ'（Adams），'キャッツワース'（Chatsworth），'ダンフィー'（Dunfee），'グロバー'（Grover），'ハーディング'（Harding），'ルーベル'（Rubel），'サム'（Sam），'ソーイ'（Sooy）などと命名された（図1-1）．栽培ブルーベリーは，そのようにして選抜されて命名された品種が交配母本となって誕生することになる．

1）交雑育種による品種の誕生

　品種改良の第一の目的は多収性品種の育成であった．しかし，当初のころは自殖によっていたためか期待したような果実も得られず，種子も獲得できなかったので人工交配による交雑育種法に変え，1911年には'ブルックス'と'ラッセル'の，1912年には'ブルックス'と'ソーイ'の人工交配を

行っている．

　コビルが品種改良に着手してから14年目の1920年，宿願の栽培品種が誕生した．'パイオニア'（Pioneer，ブルックス×ソーイ），'キャサリン'（Katharine，ブルックス×ソーイ），'カボット'（Cabot，ブルックス×キャッツワース）の3品種である．

2）1930年代までの育成品種

　1920年代には，'ランコカス'〔（Rancocas，ブルックス×ラッセル）×ルーベル．1926〕や'ジャージー'（Jersey，ルーベル×グローバー．1928）が誕生している．

　1930年代の育成には，'スタンレー'（Stanley，キャサリン×ルーベル．1930），'ウェイマウス'（Weymouth，ジューン×カボット．1936），'デキシー'（Dixi）〔（ジャージー×パイオニア）×スタンレー，1937〕などがある．これらのうち，'ジャージー'，'ウェイマウス'は，今でもハイブッシュの主要品種である．

(2) ラビットアイブルーベリーの品種誕生

　ラビットアイには，交雑での品種改良に着手する以前からすでに品種名の付けられた選抜系統があり，広く栽培されていた（Austin 1994；Krewer and NeSmith 2002）．フロリダ州およびジョージア州で，民間人によって選抜されていた'ホゴッド'（Hagood），'ブラックジャイアント'（Blak Giant），'マイヤーズ'（Myers），'クララ'（Clara），'ウォーカー'（Walker），'エセル'（Ethel）などである（図1-2）．これらの選抜品種は，1925年，ジョージア州ティフトンにあるジョージア州沿岸平原試験場に植え付けられた．

　ラビットアイにおける交雑育

図1-2　ラビットアイの'エセル'
品種改良が始まる以前に，民間人によって野生種から選抜され，栽培されていた

種の開始はハイブッシュのそれよりも遅く，1940年からジョージア州沿岸平原試験場のウッダード（O. J. Woodard），ノースカロライナ州立農業試験場のモロー（E. B. Morrow），USDAのダロー（G. M. Darrow）の三者による共同育種計画によって始まった．育種目標は，果実が大きくて，果色は明るく，種子は小さくて数が少なく，風味のよい品種の育成であった．

1949年には念願の交雑品種が誕生した．'キャラウェイ'（Callaway，マイヤーズ×ブラックジャイアント）と'コースタル'（Coastal，マイヤーズ×ブラックジャイアント）の2品種である．

その後，1955年には，'ホームベル'（Homebell，マイヤーズ×ブラックジャイアント），'ティフブルー'（Tifblue，エセル×クララ）が，1960年には'ウッダード'（Woodard，エセル×キャラウェイ）が育成されている．これらのうち，'ティフブルー'は現在でもラビットアイの中心品種である．

第2章　日本におけるブルーベリー生産

ブルーベリーが，日本に初めて導入されたのは1951年である．しかし，普及の道のりは険しく，全国の栽培面積が1 haになったのは導入後25年経った1976年であった．

1980年代に入ると，各地にブルーベリー栽培の機運が高まり「ブルーベリーブーム」と評されるほどに普及した．1990年代の中期には停滞傾向が見られたが，後期には回復し，それ以降栽培面積は順調に推移し，現在は各地にブルーベリー産地ができるまでに発展している．また，「眼にいい」，「生活習慣病の予防効果」がキーワードとなる機能性の評価が高まり，果実の消費も拡大している．

1．栽培普及の歴史

(1) ブルーベリーの導入

ブルーベリーが，日本に初めて導入されたのは1951年である．公立機関によるものであったが，当時の農林省北海道農業試験場がアメリカ・マサチ

ューセッツ州立農業試験場からハイブッシュ（現在の区分ではノーザンハイブッシュ）を導入して試作したのが始まりである．それ以降，1970年代にかけて，ハイブッシュは農林省特産課（1952年），福島県園芸試験場（1954年），京都府立大学（1956年），北海道大学（1961年）によって，ラビットアイは農林省特産課（1962年），鹿児島大学（1978年）によって，いずれもアメリカから導入されている（岩垣・石川編著 1984）．

1980年代に入ると，公立機関による導入は，そのほとんどが東京農工大学の手によって進められた．民間では種苗業者による導入が盛んになり，現在では，導入の中心的役割を担っている．

(2) 栽培普及の過程

ブルーベリーの導入から今日までの栽培普及の過程を，年代ごとに概観してみよう（日本ブルーベリー協会 2001）．

1) 1950年代

ブルーベリーの導入とともに品種特性の調査の時代であった．1955年，福島県園芸試験場の岩垣駛夫（後に東京農工大学）によって，日本で最初の調査報告となる「ブルーベリーの品種試作」が発表されている．

2) 1960年代

1962年に木村光雄（京都府立大学）によって「ハイブッシュブルーベリー数品種の特性」が，1965年には宮下挨一（北海道農業試験場）によって「ハイブッシュブルーベリー9品種の特性」が発表されている．

1964年，岩垣駛夫（東京農工大学）は，日本にブルーベリーの経済栽培を定着させるという視点から「ブルーベリーの生産開発に関する研究」に着手している（図1-3）．研究は，農林省特産課の加藤要から贈られたラビットアイ3品種，'ウッダード'，'ホームベル'，'ティフブルー'を用い，成らせる（結実），増やす（繁殖），売る（販売）の三分野からなる内容であった．

1968年にはブルーベリーの経済栽培が東京都小平市の島村速雄によって始められた．

図1-3 「ブルーベリーの父」と尊敬される元東京農工大学農学部教授・(故) 岩垣駛夫博士
'ウェイマウス'を収穫している (1970年ころ. 農工大附属農場果樹園にて)

3) 1970年代

　1971年，ノーザンハイブッシュの経済栽培が長野県信濃町の伊藤国治によって始められている．前掲の島村と同様に，それ以降の日本におけるブルーベリー栽培のモデルとなった．

　1970年代半ばには，岩垣が中心になって進められてきた品種特性，繁殖方法，受粉・結実などに関する多くの研究成果が発表されている．そのような成果のもとに経済栽培に必要な基礎資料がそろい，また，苗木が販売されるようになって栽培普及の体制が整った．さらには，1974年，農林省北海道農業試験場と北海道立農業試験場から共同で刊行された「ハイブッシュブルーベリーに関する実験成績」は，寒冷地における栽培普及に大きな力となった．

　しかし，普及は依然として緩やかであり，全国の栽培面積が1.0 haになったのは，導入後25年を経た1976年であった（表1-1）．

表1-1 日本におけるブルーベリー栽培面積および果実生産量の推移(農林水産省生産局生産流通振興課 2009)

年	面積 (ha)	果実生産量 (t)
1976	1	—
1979	6	—
1982	22	14
1985	91	89
1988	163	257
1991	183	420
1994	172	439
1997	212	558
2001	358	792
2003	521	1,053
2004	600	1,250
2005	698	1,461
2006	787	1,630

4) 1980年代

1980年代に入ると,水田転作,中山間地における転換作物の選定,農業者による新しい作目への模索などを背景として,各地にブルーベリー栽培への機運が高まった.1982年(全国の栽培面積は22 ha,生産量14 t)から驚異的な勢いで普及し始め,1992年における栽培面積は183 haになり,生産量は490 tとなった.主要果樹と比較してきわめて小面積ではあったが,1980年代に入ってからは多くの人々に注目される果樹となった.

そのような中,1984年には岩垣を中心にブルーベリー研究に携わっていた人達によって「ブルーベリーの栽培」(誠文堂新光社)が刊行された.著作はそれまでの研究成果を集大成したもので,ブルーベリー栽培の普及,生産振興に大きな手助けとなった.

5) 1990年代

1990年代になると,栽培に成功した経営体および特産地が全国各地にみられるようになった.一方で,樹の生育不良,品質優良な果実が得られない,果実販売が難しいといった課題を抱えた経営体や産地が現れた.このようなことから,同年代の中期には栽培面積,生産量ともに停滞ないし減少傾向に転じ,日本におけるブルーベリー栽培は衰退の道を辿るのではないかと危惧された.

衰退の方向を回復軌道に導いたのは,1994年に設立された「日本ブルーベリー協会」(初代会長 鹿児島大学名誉教授 伊藤三郎)による消費者の啓蒙活動であった.とくに同協会の主要な活動である全国産地シンポジウムおよび果実の機能性シンポジウムが,マスコミで紹介された影響が非常に大きかった.なかでも「眼にいい」という機能性が注目された結果,果

実の消費が拡大し，栽培面積の増大につながった．また，同協会編の「ブルーベリー ―栽培から加工利用まで―」（創森社．1997年発行）が，新しい栽培指導書として栽培普及に大きな役割を果たした．

　このような日本ブルーベリー協会の活動によって，1996年以降，栽培および果実消費の動向は拡大傾向に転じ，1999年における栽培面積は267 ha，果実生産量は648 tに拡大した．

２．今日における生産状況

（1）栽培面積および果実生産量

　2000年代に入っても，栽培面積および生産量は増大を続けている．2001年，全国の栽培面積は358 ha，生産量が792 tになり，2004年には，それぞれが約600 ha，1,250 tとなった．2005年になるとさらに増加し，面積は約700 ha，生産量が約1,461 tになっている（表1-1）．栽培面積は，2001年以降，毎年，およそ80〜100 haづつ増加している．このような勢いはなお継続しており，2009年には，全国の栽培面積は約1,000 ha，果実生産量が2,500〜3,000 tに達していると予測されている．

　栽培は北海道から九州，沖縄（試作）まで行われている．栽培面積の多いのは（2006年現在），長野県（103.0 ha），群馬県（89.0 ha），埼玉県（65.2 ha），茨城県（51.1 ha），岩手県（43.4 ha），青森県（36.5 ha）などである（図1-4）．

（2）果実の消費

　ブルーベリーが注目されて消費が拡大したのは，かつてはジャムやケーキなどの加工品が中心であった．しかし今日では，それらに加えて「眼にいい」果実，「生活習慣病」の予防効果が高い果実としての関心が高まり，生果および冷凍果実の消費も拡大している．

1）国内産果実

　国内産果実のうち，青果市場に出回るのは2分の1〜3分の1と少ない．大半は観光農園や宅配便を利用して直売され，またジャムやジュース，ワインなど加工原料になっている．

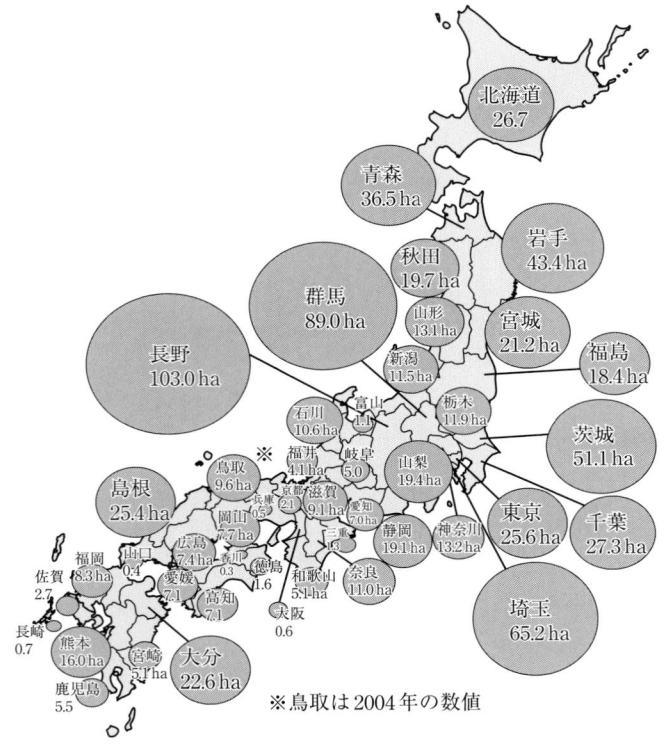

図1-4 2006年における都道府県別ブルーベリー栽培面積
(農林水産省生産局生産流通振興課 2009から作成)

2) 海外産果実

　生果の輸入量は，1996年にはわずかに11 tであったが，機能性が注目され始めてから急増し，3年後の1999年に，1,188 t (108倍増) に達している (表1-2). それ以降における輸入量は比較的安定しており，2003年には1,500 t，2005年にはおよそ1,570 tであった.

　海外産の生果は年間を通して輸入され，店頭に並んでいる．輸入国は多く，2005年には，アメリカ (主な輸入月 5～10月)，カナダ (7～9月)，中国 (5～7月)，南半球のアルゼンチン (10～11月)，チリ (11～翌年4月)，オーストラリア (9～翌年1月)，ニュージーランド (12～翌年4月) など

であった．
3）海外産の冷凍果

ブルーベリーの各種加工品は，その原料のほとんどを海外産の冷凍果に依存している．輸入量の推移についてみると（表1-2．統計にはクランベリーが含まれる），生果の場合と同様に，1996年ころから急増し始め，1999年には15,717 tに達し，2003年以降は18,000 t前後で推移している．

冷凍果の中心は，ワイルド（野生）ブルーベリーといわれるアメリカ北東部からカナダ南東部の諸州にかけて分布しているローブッシュである．輸入国はカナダ，アメリカの2カ国である．

表1-2 海外産ブルーベリーの輸入量
（財務省貿易統計：日本ジャム工業組合）

年	生鮮[1] (t)	冷凍[2] (t)
1991	-	1,785
1992	-	1,738
1993	4.5	1,694
1994	0.6	2,633
1995	3.9	2,712
1996	11	4,663
1997	62	6,767
1998	772	10,575
1999	1,188	15,717
2000	1,299	14,433
2001	-	14,006
2002	1,302	15,378
2003	1,429	17,958
2004	1,701	18,508
2005	1,572	19,027
2006		20,151

[1] 主として栽培ブルーベリー
[2] 冷凍ブルーベリーおよびクランベリー

栽培ブルーベリーも冷凍果で輸入され，冷凍果のままで販売される他，各種の製品に加工されている．

第3章　世界におけるブルーベリー生産

世界におけるブルーベリー生産は，この15〜20年間に著しい発展を遂げ，生産国（試作を含む）は35カ国以上に及んでいる．それらのうち主要な生産国は16カ国で，栽培面積はおよそ35,900 ha，生産量は125,500 tに達し，将来も継続して発展すると予測されている．

1．栽培面積および生産量

世界の主要なブルーベリー生産国16カ国の栽培面積は，2003年度の統計によれば，およそ35,900 ha，生産量は125,500 tに達している（表1-3）

I. 総論

表1-3 世界におけるブルーベリー栽培－主要国の栽培面積および果実生産量－

大陸	国	栽培面積 (ha)		2003年の果実生産量 (t)[3]		
		1989年[2]	2003年[3]	計	生果用 (%)[1]	加工用 (%)[1]
北アメリカ	アメリカ	15,895	22,620	84,535	47,216 (56)	37,319 (44)
	カナダ	1,949	4,456	18,841	13,847 (73)	4,994 (27)
ヨーロッパ	ポーランド	142	1,505	1,450	1,350 (93)	100 (7)
	ドイツ	264	1,354	4,905	4,655 (95)	250 (5)
	オランダ	203	301	1,400	1,250 (89)	150 (11)
	スペイン・ポルトガル	－	213	1,100	1,100 (100)	0 (0)
	フランス	26	413	1,301	1,201 (92)	100 (8)
	イタリア	16	160	800	800 (100)	0 (0)
南アメリカ	チリ	30	2,115	6,158	5,658 (92)	500 (8)
	アルゼンチン	－	902	555	552 (99)	3 (1)
アフリカ	南アフリカ	130	351	300	200 (67)	100 (33)
オセアニア	オーストラリア	91	512	2,000	1,650 (83)	350 (17)
	ニュージーランド	406	401	896	296 (33)	600 (67)
アジア	日本[4]	179	521	1,300	600 (46)	700 (54)
	中国	－	50	15	15 (100)	0 (0)
	計	19,331	35,874	125,556	80,390 (68)	45,166 (32)

[1] （ ）内の数字は果実生産量計に対する生果用および加工用の百分率
[2] Pritts and Hancock eds. 1992
[3] Brazelton 2004
[4] 農林水産省生産局果樹花き課 2005

(Brazelton 2004; Childers and Lyrene eds. 2006).

　栽培面積（2003年）はアメリカが最も多く（22,620 ha），世界全体の63％を占め，次いでカナダ（4,456 ha）が多い．以下，チリ（2,115 ha），ポーランド（1,505 ha），ドイツ（1,354 ha）と続いている．注目すべきはアルゼンチン（902 ha），スペイン・ポルトガル（213 ha），中国（50 ha）の4カ国で，いずれも2003年の調査で初めて顔を出した新興国であり，ブルーベリー栽培が急速に振興していることが伺える．

　生産量（2003年）は栽培面積と同様にアメリカ（84,535 t）が最も多く，世界全体の67％を占めている．次いでカナダ（18,841 t）が多く，以下，チリ（6,158 t），ドイツ（4,905 t），オーストラリア（2,000 t）と続く．用途別では，生果用は約80,400 t（全生産量の64％），加工用は約45,160

t（全生産量の36％）である．

2．主要国における生産状況

(1) 北アメリカ

　北アメリカ（アメリカ，カナダ，メキシコの3カ国）における栽培面積の増加は著しい．1982年には14,665 haであったが，1992年には21,548 haになり，2003年にはさらに27,104 haに達している（表1-4）．

　果実生産量は，2003年には，北アメリカ全体で103,000 tを越えている（表1-3）．用途別にみると，生果用が56％でニュージャージー，フロリダ，ノースカロライナ，カリフォルニアの各州で多く，加工用は44％でミシガン，オレゴン，ワシントンの各州で多い．

1）アメリカ

a．アメリカの主要な生産州

　2003年，アメリカの主要なブルーベリー生産州は26州である（Strik and Yarborough 2005）．栽培面積が最も多いのはミシガン州（7,285 ha），次いでニュージャージー州（2,995 h），以下，ジョージア州（2,427 ha），ノースカロライナ州（2,024 h）と続く（表1-4）．

図1-5　ブルーベリーの「マザーステート」と呼ばれるアメリカ・ニュージャージー州における大規模栽培園．新品種の導入が進められている

　州によって栽培面積に増減傾向がみられる．1992年以降拡大しているのは，南部のフロリダ，ジョージア，ミシシッピー，ノースカロライナの各州，西部のカリフォルニア，オレゴン，ワシントンの各州である．一方，ニュージャージー州を中心とした北東部諸州では，面積が減少傾向にある．

表1-4 北アメリカにおける主要なブルーベリー生産州の栽培面積の推移および予測

国および地帯	州	ブルーベリーの主なタイプ[1]	栽培面積 (ha)				
			1982年[4]	1992年[4]	2003年[5]	2008年[5]	2013年[5]
アメリカ北東部	マサチューセッツ	NHb	200	202	202	202	202
	ニュージャージー	NHb	3,000	3,319	2,995	2,995	2,995
	ニューヨーク	NHb	300	490	405	405	405
	ニューハンプシャー	NHb	90	99	99	99	99
	ペンシルバニア	NHb	160	200	202	225	243
	バージニア	NHb	60	85	91	117	162
	そのほかの州[2]	NHb	135	305	280	292	292
アメリカ南部	アラバマ	Rb, SHb	50	200	150	162	202
	フロリダ	SHb, Rb	400	850	971	1,012	1,416
	ジョージア	Rb, SHb	1,200	1,669	2,427	3,238	3,642
	ミシシッピー	Rb, SHb	200	449	809	1,012	1,416
	ノースカロライナ	NHb, SHb, Rb	1,600	1,578	2,024	2,226	3,035
	サウスカロライナ	Rb, SHb	70	160	160	162	162
	テネシー	SHb, Rb	40	69	111	162	200
アメリカ中西部	インディアナ	NHb	260	299	322	322	322
	ミシガン	NHb	4,900	6,890	7,285	7,325	7,366
	ミズリー	NHb	20	121	121	121	121
	ミネソタ	NHb	30	49	61	61	
	オハイオ	NHb	70	109	113	113	113
	そのほかの州[3]	NHb	52	88	110	151	240
アメリカ南西部	アーカンソー	SHb, NHb, Rb	88	130	142	142	142
	ルイジアナ	Rb, SHb	20	160	146	150	154
	オクラホマ	Rb, SHb	40	81	61	61	61
	テキサス	Rb, SHb	80	530	308	401	445
アメリカ西部	カリフォルニア	SHb	−	20	607	2,024	3,238
	アイダホ	SHb	−	40	51	51	51
	オレゴン	NHb	250	690	1,497	1,700	1,902
	ワシントン	NHb	320	490	870	971	1,093
カナダ	ブリティシュコロンビア	NHb	970	1,820	4,047	4,856	4,856
	ノバスコシア	NHb	−	20	65	81	89
	オンタリオ	NHb	60	275	162	243	324
	ケベック	NHb	−	61	182	263	345
メキシコ	−	−	−	10	28	202	809
	計		14,665	21,558	27,104	31,547	36,142

[1] NHb：ノーザンハイブッシュ，Rb：ラビットアイ，SHb：サザンハイブッシュ
[2] コネチッカット，デラウェア，メリーランド，メイン，バーモント，ウェストバージニア
[3] イリノイ，アイオワ，カンサス，ケンタッキー，ウィスコンシン
[4] Moore 1994
[5] Strik and Yarborough 2005

表1-5 北アメリカにおけるブルーベリーのタイプ別栽培面積の推移
(Childers and Lyrene eds. 2006)

ブルーベリーのタイプ	面積 (ha) (比数 %)[1]		
	1982年	1992年	2003年
ノーザンハイブッシュ	12,697 (100)	17,610 (139)	20,242 (159)
サザンハイブッシュ	160 (100)	411 (257)	2,589 (1618)
ラビットアイ	1,949 (100)	3,899 (200)	4,268 (219)
ローブッシュ	48,511 (100)	52,687 (109)	69,931 (144)

[1] 1982年を100とする

b. タイプおよび主要品種

　ブルーベリーのタイプ（種類，系）別栽培面積は，ノーザンハイブッシュが最も多く，次いでラビットアイが多い．サザンハイブッシュの栽培は1992年以降著しく伸びている（表1-5）．

　品種についてみると，西部諸州の場合，ノーザンハイブッシュでは'デューク'，'ブルークロップ'，'エリオット'が主要品種である．その他'アーリーブルー'，'ウェイマウス'，'ジャージー'，'スパルタン'，'バークレー'，'ブルージェイ'，'ブリジッタ'，'ブルータ'，'ブルーレイ'，'ルーベル'などがある．また，ラビットアイでは，'ティフブルー'，'パウダーブルー'が主要品種となっている（Childers and Lyrene eds. 2006）．

　サザンハイブッシュの主要品種は，カリフォルニア州の場合，'スター'，'オニール'，'サファイア'，'ミスティ'などである．

c. 5年および10年後の予測

　北アメリカ全体のブルーベリー栽培は，今後も着実に発展すると予測されている（表1-4）．2003年を基準年（27,104 ha）にすると，5年後の2008年には31,547 haに，2013年には36,143 haに達すると見込まれている．

　発展が著しい地帯として，アメリカ南部ではジョージア，ノースカロライナの両州が，西部ではカリフォルニア州，国ではメキシコが挙げられている（Strik and Yarborough 2005）．とくに注目されるのはカリフォルニアとオレゴンの両州で，両州は果実の成長期間中の降水量が少ないため，品質の優れた果実生産に好適であるといわれる（Sjulin 2003）．

2) カナダ

　カナダにおける主な栽培地帯は，2003年の統計でみると，南西部のブリティシュコロンビア州（4,047 ha），中央部のオンタリオ州（162 ha），ケベック州（182 ha）である．カナダは地理的にアメリカよりも高緯度に位置しているため，成熟期は7月下旬〜8月上旬から始まり9月中・下旬ころまで続く．

3) メキシコ

　メキシコにおける普及は急激である．栽培地帯は明らかでないが，サザンハイブッシュが主体である．栽培面積は，2003年に28 haであったが，2008年には202 haになり，2013年にはおよそ800 haに達すると予測されている（表1-4）．

(2) 南アメリカ

1) チリ

　チリにブルーベリーが導入されたのは1979年であった．それ以降，生産振興は着実に進展し，栽培面積は，1992年には約400 ha，2003年にはおよそ2,100 haに達している（表1-3）．

　栽培地帯は，主に，中央南部から南部にかけてである．中央南部では，ノーザンハイブッシュ，サザンハイブッシュ，ラビットアイの三つのタイプが栽培されている．主要品種は，ノーザンハイブッシュが'エリオット'，'デューク'，'ブルークロップ'，'ブリジッタ'，サザンハイブッシュが'オニール'，ラビットアイが'プリミアー'，'ブライトウェル'などである．

　収穫は，例年，10月第2週

図1-6　チリ中部におけるブルーベリー園．12月中旬，収穫始めであった．出荷容器に直接摘み取っている

から翌年5月の第2週まで続く（図1-6）．果実はほとんが輸出用で，75％はアメリカに，他の20％がヨーロッパと日本向けである（Bañados 2006；Childers and Lyrene eds. 2006）．

2）アルゼンチン

アルゼンチンにおける普及も急激であり，2003年の栽培面積は900 haを越えている．栽培地帯は，首都・ブエノスアイレスの北部，北西部のトックマン（Tucuman），中央部のサンルス（Sun Luis）地方である（Childers and Lyrene eds. 2006）．

栽培はサザンハイブッシュが中心である．収穫期は，ブエノスアイレス地方では，例年，10月下旬から12月初旬まで続く．果実はほとんどが輸出用で，生産量の64％がアメリカに，35％がヨーロッパ向けである．近年，日本にも輸出されている．

3）その他の国々

南アメリカ諸国のうち，その他には（2003年），ブラジル（25 ha），ウルグアイ（100 h），中央アメリカのホンジュラスなどで，主に，サザンハイブッシュが栽培されている．

(3) ヨーロッパ

1）ポーランド

ポーランドは，ヨーロッパで最大の生産国である．本格的な栽培は1975年ころから始まり，栽培面積は，1989年に142 ha，2003年にはおよそ1,500 haになっている（表1-3）

栽培はノーザンハイブッシュが中心で，主な産地は中部および北部地方である（Childers and Lyrene eds. 2006）．主要品種は，'アーリーブルー'，'ブルークロップ'，'ジャージー'，'スパルタン'，'ダロー'，'デューク'，'トロ'，'ハーバート'，'パトリオット'，'ブルージェイ'および'ブリジッタ'などである．中部地方の収穫期は7月第2週（早生品種）から始まり，9月下旬（晩生品種）まで続く．EU市場への出荷が多い．

2）ドイツ

ドイツにおける栽培面積は，1989年の264 haから，2003年には1,354

図1-7 ドイツ北部・ハノーバー市郊外にあるブルーベリー園
5月上旬，ノーザンハイブッシュが開花盛期であった

haに増大している（表1-3）．

主な栽培地域は北部地方である（図1-7）．ノーザンハイブッシュが中心で，主要品種は，'エリオット'，'エリザベス'，'デューク'，'トロ'，'ブルークロップ'，'ブルータ'，'ネルソン'，'ブリジッタ'，'レカ'などである．サザンハイブッシュでは，'オザークブルー'が栽培されている．収穫期は早生品種の'デューク'が7月上～中旬から始まり，晩生品種の'エリオット'が9月下旬に終わる（Childers and Lyrene eds. 2006）．

果実の消費量はヨーロッパ諸国では最大で，夏期には他のヨーロッパ諸国から，冬期にはチリおよびオセアニアから輸入されている．

3）オランダ

オランダでは，1923年，すでに10 haの栽培があったといわれる．その後の普及は比較的緩やかであった．1989年の栽培面積は200 haであったが，2003年には300 haである．（表1-3）．

近年，EU市場への早期，あるいは晩期における出荷をねらって施設栽培が盛んになっている（Bal *et al*. 2006）．

4）スペイン・ポルトガル

スペイン，ポルトガル両国は新興国である．1990年代の初めにアメリカから導入されているが，2003年の栽培面積は両国を合わせて200 haを越えている（表1-3）．

冬季が温暖な気象条件を活かしてEU市場で有利な販売を行うために，サザンハイブッシュ，ラビットアイのトンネル栽培（無加温）が行われている（図1-8）．主な栽培地域は，スペイン南部（アンダルシア地方），ポルトガル南西部であり，収穫は露地よりもおよそ1カ月早い4月中・下旬から

始まる（Baptista *et al.* 2006; Barrau *et al.* 2006）．

主要品種は，サザンハイブッシュが'オニール'，'スター'，'ミスティー'，'リベイル'，ラビットアイが'クライマックス'，'ボニータ'，'プリミアー'などである（Childers and Lyrene eds. 2006）．

図1-8　スペイン南部地方におけるサザンハイブッシュのトンネル栽培．5月上旬，収穫始めであった

5）フランス

フランスへの導入は，アメリカから1980年代の中ごろに行われたが，普及はなかなか進まなかった（Pliszka 1997）．しかし，近年になってノーザンハイブッシュの栽培が南西部地方に広がり，栽培面積は400 haを越えている（表1-3）．

6）イタリア

導入経過は明らかでないが，近年は普及が進展しているようである（Eccher *et al.* 2006）．北西部のアルプス地方，とくに，チュリン（Tvurin）からトレント（Trento）までの地域に，ノーザンハイブッシュを中心に160 haの栽培がみられる（表1-3）．

7）その他の国々

ヨーロッパでは，上記に紹介した国以外にも多くの国で栽培され，あるいは試作されている．

イギリスでは南部のドーセット州に，ノーザンハイブッシュがおよそ16 ha栽培されている（Childers and Lyrene eds. 2006）．

スカンジナビア半島諸国のデンマーク，ノルウェー，スウェーデン，フィンランド，バルト諸国のエストニア，ラトビアでは，耐寒性の強いハーフハイハイブッシュの試作および鉢植えによる温室栽培が試行されている（Abolins and Gurtaja 2006; Heiberg and Stubhang 2006）．これらの国々でのブルーベリー栽培では，冬期における低温が最も大きい課題である．ス

ウェーデンではハーフハイハイブッシュの育種が行われており，これまでに耐寒性品種として'Putte'（1986年），'Emil'（1997年）が発表されている（Lyrene 2002）．

ブルガリアでは，酸性土壌が多い丘陵地帯で栽培に成功している．また，ルーマニアでは育種も行われ，'Azur'や'Safir'など7品種が発表されている（Mladin *et al.* 2006）．

その他，ロシア，ベラルーシ，ウクライナ，チェコ，スルベニアでは1990年代の中ごろから試作が始まっている（Konovalchuk, V. K. and V. V. Konovalchuk 2006; Paprstein *et al.* 2006）．

(4) アフリカ

アフリカでは，南アフリカで栽培されている．同国への導入は，1970年代であったが，2003年にはおよそ350 haの栽培面積がある（表1-3）．

栽培地域は，主として，ケープタウン市やジョージエリザベス市近郊である．収穫期は，例年，10月から翌年の3月までで，果実はEU市場に輸出されている（Childers and Lyrene eds. 2006）．

(5) オセアニア

1) オーストラリア

本格的な栽培は，1970年代の後半からであった．栽培面積は1995年に350 ha，2003年には510 haに達している（表1-3）．栽培地帯は同国の東南部地方で，サザンハイブッシュとラビットアイがニューサウスウェルズ州東部の沿岸沿い（図1-9），ノーザンハイブッシュがビクトリア州の南部およびタスマニア州で

図1-9 ニューサウスウェルズ東部におけるサザンハイブッシュ園
高畝にして植え付け，ポリフィルムマルチをしている

ある．品種は，ほとんどがアメリカの育成品種である．
　果実は85％が国内向け（45％が生果）であり，残りの15％は輸出用である．生果は10～12月にかけて，日本にも輸入されている．
　同国で育成されたノーザンハイブッシュの'ブリジッタ'（ブリジッタブルーと同じ）は，世界的に普及している（Childers and Lyrene eds. 2006）．
2）ニュージーランド
　栽培面積は1989年以降横ばいで推移し，2003年約400 haである（表1-3）（Childers and Lyrene eds. 2006）．
　栽培地帯は北島および南島にわたっているが，北島では主にラビットアイおよびサザンハイブッシュが，南島ではノーザンハイブッシュの栽培が多い．収穫期は11月から翌年の3月ころまでである．生産量の45％は国内で消費され，残りの55％が輸出され，日本にも輸出されている．
　同国の育種は世界的にも注目されており，これまで育成された品種には，ノーザンハイブッシュの，'プル'，'ヌイ'，'レカ'や，ラビットアイの'マル'，'オノ'，'ウィトウ'，'ラヒ'などがある．
(6) アジア
　アジアでは現在，日本，中国，韓国で栽培されている．
1）中国
　1980年代の中ごろ，アメリカから導入された．試験研究の拠点は二箇所あり，その一つは東北地区の吉林省にある吉林農業大学で，ノーザンハイブッシュ，ハーフハイハイブッシュの適応試験および繁殖などの試験が行われている．もう一つは，東部の江蘇省南京市にある中国科学アカデミー植物研究所および南京農業大学で，主として，ラビットアイ，サザンハイブッシュの品種比較試験が行われている（Childers and Lyrene eds. 2006；中央果実基金2001； Yadong *et al*. 2002）．その結果，栽培普及は急速に進み，2003年の栽培面積は500 haを越えている．生果は，日本にも輸出されている．
　栽培地帯は次の三つに大別される．
a. 長白山・大興安嶺・小興安嶺地帯
　この地帯は年平均気温が低く，冬季は厳寒で，積雪量は少なく，また無霜

期間が100〜130日と短い．そのため，ハーフハイハイブッシュの栽培が主体である．
b．遼東半島・山東半島地帯
　この地帯は気候が温暖で湿潤なため，ノーザンハイブッシュの栽培が中心である．交通網が発達して果実の輸送が便利なため，輸出向けの生果の生産拠点として位置づけられている．主な品種は，'エリオット'，'ブルークロップ'，'パトリオット'などである．
c．長江流域地帯
　この地帯は湿潤で雨が多く，とくに夏季は湿度が高いため，ラビットアイおよびサザンハイブッシュの栽培が主体である．ラビットアイの主要品種は'ガーデンブルー'，'ティフブルー'，'ブライトウェル'などである．
2）韓国
　1990年代の中ごろから導入が始まり，繁殖法の検討および品種比較試験が進められてきた．近年，各地で栽培熱が高まり，2006年の栽培面積はおよそ20 haに達しているといわれる（Lee 2006）．

第4章　分類

　ブルーベリー（Blueberries）は，ツツジ科（*Ericaceae*）スノキ属（*Vaccinium*），シアノコカス（*Cyanococcus*）節に分類される北アメリカ原産の落葉性あるいは常緑性の，低木性または半高木性の果樹である．

1．植物学的分類

　スノキ属（genus）は多数の「節」（section）に分けられる．「節」の分類は研究者によって異なるが（Eck and Childers eds. 1966; Vander Kloet 1988），近年は，USDAのGRIN（Germplasm Resources Information Network 2005）による，23「節」が一般的である（表1-6）．
（1）スノキ属の主要な「節」の特徴
　スノキ属の23「節」のうち，果実が生食され，あるいは加工して利用さ

表1-6 スノキ属植物の植物学的分類による節および代表的な種[1]

属	節	代表的な種
Vaccinium	Batodendron[2]	
	Bracteata	
	Brachyceratium	
	Ciliata	
	Cinctosandra	V. angustifolium Aiton
	Conchophyllum	V. corymbosum L.
	Cyanococcus[2]	V. darrowi Camp
	Eococcus	V. myrtillodies Michx.
	Epigynium	V. virgatum Aiton
	Galeopetalum	
	Hemimyrtillus	
	Herpothamnus[2]	
	Myrtillus[2]	V. myrtillus L.
	Neurodesia	
	Oarianthe	
	Oreades	
	Oxycoccoides[2]	
	Oxycoccus[2]	V. oxycoccus L.
	Pachyanthum	
	Polycodium[2]	
	Pyxothamnus[2]	
	Vaccinium[2]	V. uliginosum L.
	Vitis-Idaea[2]	V. Vitis-idaea L.

[1] USDA・GRIN 2005
[2] Vander Kloet (1988) による分類の10の「節」

れているのは,主として次の五つである.

①シアノコカス(*Cyanococcus*)節:ブルーベリーが入る

　ちなみに,学名の「*Cyano*」は英語で「blue」を,「*coccus*」は英語で「berry」を意味する.

②ミルティルス(*Myrtillus*)節:ヨーロッパの自生種といわれるビルベリーが含まれる.

③オキソコカス(*Oxycocuus*)節:クランベリーが含まれる.

④バクシニウム(*Vaccinium*)節:広く北半球の冷涼地帯に分布しているクロマメノキが含まれる.

⑤ビテス-イデア(*Vitis-Idaea*)節:広く北半球の冷涼地帯に分布してい

るコケモモが入る．リンゴンベリーは，ヨーロッパに自生するコケモモの改良種である．

これら五つを含む主要な節の植物学的特徴を表1-7に整理した（Eck and Childers eds. 1966; Luby *et al*. 1991; 玉田 1996; Vander Kloet 1988）．

(2) シアノコカス節植物の特徴

シアノコカス節植物は，中南米を起源とし，カリブ海諸島を経て北アメリカに伝搬し，さらに大陸東部の沿岸地帯にそって北方へ広がったとされている（Luby *et al*. 1991）．

シアノコカス節の北アメリカにおける分布（自生地），樹の生態，および果実の形質について，その概要を表1-8に示した．

1) 栽培上重要な「種」

シアノコカス節のうち，栽培上および果実利用上重要な「種」は，主として次の五つである．

① *V. corymbosum* L.

この種は，いわゆるハイブッシュブルーベリー（Highbush blueberry）である．かっては，*V. corymbosum* L. と *V. australe* Small の二つに分類されていたが，今日では *V. corymbosum* L. に統一されている．

② *V. virgatum* Aiton

この種はラビットアイブルーベリー（Rabbiteye blueberry）である．ラビットアイの学名がこれまでの *V. ashei* Reade から *V. virgatum* Aiton に変更になったことが，2004年，スペイン・ポルトガルで開催された第8回国際園芸学会バクシニウム栽培シンポジウムで紹介された（Ballington 2006）．当分の間はどちらを使用してもよい．

③ *V. angustifolium* Aiton

この種はローブッシュブルーベリー（Lowbush blueberry, 別名ワイルドブルーベリー）の中心種である（図1-10）．育種素材としても重要であり，この種とハイブッシュとの交雑から，ハーフハイハイブッシュ（Half-high highbush）が育成されている．

表1-7 スノキ属の主要な節に分類される植物の形態的特徴[1]

スノキ属の節	特　徴
Cyanococcus ハイブッシュ，ラビットアイおよびローブッシュブルーベリーを含む節	・樹，枝：落葉または常緑性の小低木から半高木 ・花：新梢の葉腋に花芽と葉芽を着生．芽は5枚以上のリン片で被われ，花芽は葉芽よりも円形で大きい．総状花序．小花柄はがくと連結．花冠は幾分つぼ形あるいは円筒形． ・果実：10個の仮子室からなる．通常は数十粒の種子を含む ・代表的な種：*V. corymbosum* L.（一般名；Highbush blueberry） 　　　　　　*V. australe* Small（一般名；Highbush blueberry） 　　　　　　*V. virgatum* Aiton（一般名；Rabbiteye blueberry） 　　　　　　*V. angustifolium* Aiton（一般名；Lowbush blueberry） 　　　　　　*V. myrtilloides* Michx.（一般名；Lowbush blueberry） 　　　　　　*V. darrowi* Camp（一般名；Evergreen blueberry）
Myrtillus ヨーロッパ北部の代表的な野生種であるビルベリーを含む節；日本に自生するウスゴ類，スノキを含む節	・樹，枝：落葉性の小低木から低木 ・葉：気孔は，葉の両面に発生するが，1年以上持続することはまれである ・花：花は新梢の下位葉の葉腋に単一で着生．小花柄はがく筒と接合．がくは5裂であるが，ときには波状になる．花冠は球形で切れ込みが5つで，内部に小さい10個の雄ずいがある，花糸は無毛 ・果実：5子室 ・代表的な種： 　　　　*V. myrtillus* L.（一般名；Bilberry, Whortleberry, Mountain bilberry） 　　　　*V. cespitosum* Michx.（一般名；Dwarf bilberry） 　　　　*V. ovalifolium* Smith（一般名；Oval-leaved bilberry, Alaska blueberry） 　＊日本に自生する種：*V. shikokianum* Nakai（和名．マルバウスゴ） 　　　　　　　　　　*V. yatabei* Makino（和名．ヒメウスノキ）
Oxycoccus クランベリーを含む節	・樹，枝：ほふく，つる生．枝は細くて軟らかく，円柱形．無毛あるいは軟毛がある ・葉：常緑性，全縁 ・花：花は腋生あるいは見かけ上は頂生で，単一あるいは小花房で着生し，長くて細い小花柄と接合．開花時に強く後方に曲がる．花冠は白色から暗桃色まであり，裂片は基部まで入る．葯は8本で，長くて細い花粉嚢を着ける ・果実：4子室で数個の種子を含む．果実は赤い ・代表的な種： 　　　　*V. macrocarpon* Aiton（一般名；Large cranberry, American cranberry） 　　　　*V. oxycoccus* L.（一般名；Small cranberry）（和名：ツルコケモモ）
Vaccinium 日本に自生するクロマメノキを含む節	・周北植物．北極地方あるいは高山性の落葉性の低木 ・樹，枝：新梢は淡緑色で円筒状 ・花：前年生枝に小花房で2〜3花を着けるが，1花も多い．がくは小花柄と接合し，4裂片．花冠はつぼ形で4つに分かれる．雄ずいは8本で花糸は無毛 　胚珠は通常4細胞 ・代表的な種：*V. uliginosum* L.（一般名；Bog berry, Bilberry, Tundra bilberry） 　　　　　　　　　　　　　　（和名；クロマメノキ）
Vitis-Idaea ヨーロッパのリンゴベリー，日本に自生するコケモモを含む節	・周北植物 ・樹，枝：常緑の矮性小低木．新梢は円筒状で柔毛で被われる ・芽：葉腋に花芽と葉芽を着生．花芽は新梢の先端部に着き，大きさは葉芽の3倍くらいの大きさになる ・花：総状花序で少数の花を着ける．小花柄は短く，がく筒と連結．がくは四裂 　花冠は深く四裂し，鐘状．雄ずいは8本 ・果実：4子室 ・代表的な種：*V. vitis-idaea* L.（一般名；Lingonberry, Cowberry, Foxberry, Mountain cranberry など） 　　　　　　　　　　　　　　（和名；コケモモ）

表1-7 スノキ属の主要な節に分類される植物の形態的特徴（続き）[1]

スノキ属の節	特徴
Batodendron アメリカ南東部諸州，キューバに固有の節	・樹, 枝：常緑または落葉性の低木，または高木．新梢の表皮およびクチクラは1年から数年内に枯死し，古い枝は灰色あるいは白色になる ・花：側枝に着生．総状花序．がく筒は細い小花柄を持ち，ほう葉で尖っている．がくは5つの突起した裂片．花冠は鐘状からつぼ形で5つの裂片を持つ．雄ずいは10本で花粉嚢を有する ・果実：10個の仮子室があり，各心皮は5-8個の胚珠を含む．10個以上の成熟種子を含むことは少ない．果実は日持ち性がある ・代表的な種：落葉性；*V. arboreum* Marsh. (一般名；Farkleberry, Sparkleberry)　常緑性；*V. cubense* (A. Rich) Grisebach, *V. stenophyllum* Steudel
Herpothamnus アメリカのバージニア州南部，ノースカロライナ，サウスカロライナ州に固有の節	・樹, 枝：常緑でほふく性 ・花：前年枝に花房状であるいは葉腋に着く．総状花序．がくは小花柄と接合．花冠は浅い裂刻． ・果実：5子室．各子室には15～20個の胚珠が含まれるが1～2個しか成熟しない．果実の成熟は比較的遅く，開葯後110～140日を要する ・代表的な種：*V. crassifolium* Andrews (一般名；Creeping blueberry)
Oxycoccoides 日本に自生するアクシバを含む節	・樹, 枝：落葉性低木 ・花：花は葉腋に単一で着生．花柄はなく，がく筒と接合．花冠は深く4分裂．雄ずいは8本で，葯は長い ・果実：4子室．各子室は20～25個の胚珠を含む ・代表的な種：*V. erythrocarpum* Michx. (一般名；Southern mountain cranberry) ＊日本に自生する種：*V. Japonicum* Miq. (和名；アクシバ)
Polycodium アメリカ東部に固有の節	・樹, 枝：落葉性の小低木 ・花：花は葉液に単一で着生．総状花序．がく筒は小花柄と結合．花冠は鐘形．雄ずいは長い花粉嚢を持つ ・果実：10個の子室があり，各子室は8～10個の胚珠を含む ・代表的な種：*V. stamineum* L. (一般名；Deerberry, Southern gooseberry)
Pyxothamnus カナダのブリティッシュコロンビア州からアンデス山脈の大平原に固有の節	・樹：常緑性低木 ・花：花芽と葉芽は葉腋に着くが，花芽は新梢の上部に多い．花芽は葉芽よりも大きい．総状花序，ほう葉はない．小花柄はがくと接合．花冠は5裂片で，幾分つぼ形．雄ずいは8～10本 ・果実：5子室

[1] Eck and Childers eds. 1966 ; Luby *et al.* 1991 ; Vader Kloet 1988

④ *V. myrtilloides* Michx.

　　ローブッシュブルーベリー (Lowbush blueberry) のもう一つの主要な種である．

⑤ *V. darrowi* Camp

　　エバーグリーンブルーベリー (Evergreen blueberry) と呼ばれる常緑性の野生種である（図1-11）．とくに，育種素材として重要な種であり，この種とハイブッシュとの交雑から，サザンハイブッシュ（Southern

表1-8 ブルーベリーが含まれるシアノコカス節の主要な「種」の特徴[1]

種・学名	特徴
V. angustifolium Aiton ($2n = 48$)	・同種異名：*V. angustifolium* var. *hypolasium* Fernald 　　　　　　*V. angustifolium* var. *laevifolium* House 　　　　　　*V. angustifolium* var. *nigrum* (Alph. Wood) Dole 　　　　　　*V. brittioni* Porter ex C. Bicknell 　　　　　　*V. lamarckii* Camp 　　　　　　*V. pensylvanicum* Lam. 　　　　　　*V. pensylvanicum* var. *nigrum* Alph. Wood ・一般名：Lowbush blueberry ・別名：Sweet lowbush blueberry ・分布：カナダ・マニトバ州の南部からアメリカ・ミソネタ州，オンタリオ，ケベック州をとおってニューファンドランドへ，南部はデラウェア，バージニア州の山脈，イリノイ州およびインディアナ州の北部までの地帯．ブルーベリーバレン（荒れ地），開けて小石のある台地，高原湿地，沼沢地，乾いた砂質土，ブナ林帯などの酸性土壌に自生 ・生態：落葉性．低木で樹高は10〜60 cm．根茎の伸長が旺盛で，密で大きいコロニーを形成．気温適応性および土壌適応性が広い ・果実：果皮は青色で白い果粉を被るもの，鈍い黒色，光沢のある黒色，まれに白色と変異がある．大きさは3〜12 mm．風味は中位から秀でる ・食品加工産業上最も重要：アメリカ・メイン州から，カナダ・ニューブランズウィック，ノバスコシア，ニューファンドランド州，ケベック州のサン・ジャン地方では，経済的に採集．ブルーベリー食品の加工産業上最も重要 ・歴史的な果実：アメリカの先住民が乾果にして古くから利用していた種である．また，ヨーロッパからの移住者が生食したり，ジャムやゼリー，プレザーブなどを作ったのはこの種であるといわれる
V. corymbosum L. ($2n = 48$)	・同種異名：*V. constablaei* A. Gray ・一般名：Highbush blueberry ・別名：American blueberry, Swamp blueberry ・分布：イリノイ州北東部から，インディアナ州北部，ミシガン州中部から，北はセントローレンス河にそってケベック，ノバスコシア州の南西部まで，南はノースカロライナ州の中央から南部まで．沼沢地，河川や湖沼の縁，水分の多い砂質地帯，丘の斜面の漏水地，高原草地などに自生 ・生態：落葉性．数本の主軸枝（main stem）から樹冠を形成，樹高は1〜5 m．まれに，親株から1〜2 m離れて，吸枝を出す ・果実：果皮は暗黒色あるいは青色で，白い果粉を被る．大きさは4〜12 mm．種子は，長さがおおよそ1.2 mm．風味は優あるいは秀 ・栽培ブルーベリーの初めての品種：1920年，USDAから発表されている'パイオニア''カボット''キャサリン'などは，この種から育成された．それ以降，育成されているノーザンハイブッシュのほとんどの品種は，この種に由来する ・歴史的な果実：古くから先住民が採集していたのはこの種の果実であり，イロコイ族は生果を使ってトウモロコシパンを作っていた．また，ヨーロッパからの移住者は，タルトや乾果，糖蜜漬けをつくり，生果のままあるいはミルクをかけて食していたといわれる
V. darrowi Camp ($2n = 24$)	・一般名：Darrow's evergreen blueberry 　　　　　USDAのG. M. Darrowの功績を讃え—この種の特性について最初に明らかにした一名前が付けられた ・分布：ジョージア州の南西部から西へはアラバマ州南部，ルイジアナ州の南東部まで，およびフロリダ州の範囲．平坦な低森林地，低木の多い林地，ツツジ科の常緑樹とオークの混合林地に自生．日光が十分に当たる所 ・生態：常緑性．根茎が伸長して大きいコロニーを形成．まれに単軸．樹高は10〜150 cm．低温要求量は少ない．耐寒性および耐干性は強い ・果実：果皮は青色で白い果粉を被る．大きさは8〜10 mm．風味は中位 ＊サザンハイブッシュの育成に用いられた

表 1-8 ブルーベリーが含まれるシアノコカス節の主要な「種」の特徴（続き）[1]

種・学名	特徴
V. myrtilloides Michx. (2n = 24)	・同種異名：V. canadense Kalmn ex Richardson ・一般名：Lowbush blueberry ・別名：Canadian blueberry, Sour top blueberry ・分布：カナダのブリティシュコロンビア州南東部から東はラブラドルまで，南はアメリカのペンシルバニア，ウエストバージニア州まで．湿地帯，山岳草原地帯に自生．排水のよい砂質土で生育が優れる ・生態：シアノコカス節のうち，最も北部（北緯61°N）および西部に分布する．また，標高は海岸線から高度が1,200 mくらいの所までみられる．落葉性．広大なコロニーを形成．樹高は20〜40 cm 　V. angustifolium よりも焼き払いには弱いが，耐陰性は強い ・果実：果色は白く輝く青色を呈する．大きさは4〜7 mm．風味はよい ・ローブッシュブルーベリーの最も重要な経済種
V. virgatum Aiton (2n = 72)	・同種異名：V. amoenum Aiton 　　　　　　V. ashei Reade ・一般名：Rabbiteye blueberry ・分布：アラバマ州南部からフロリダ州の北部，西にはメキシコ湾にそってテキサス州およびアーカンソー州の北部地帯．湖沼および河川沿いの低湿地，低い沖積地に自生 ・生態：落葉性．樹冠を形成．樹高は1.5〜6.0 m．ハイブッシュブルーベリーと比較して低温要求量が少ない．耐乾性が強く，広い土壌pHの範囲で生育する ・果実：黒色から青色で果粉をつけるものまで．8〜18 mmの大きさ．風味は劣る ・ラビットアイブルーベリーの品種は，ほとんどがこの種から育成されている
V. boreale I. V. Hall & Aalders (2n = 24)	・一般名：Lowbush blueberry ・分布：ケベック州北部からラブラドル，ニューファンドランドへ，南はメイン，ニューハンプシャー，バーモント，ニューヨーク州の山岳地帯．所によっては，V. angustifolium と混在．森林，ツンドラ，高原草地，岩石が露出した半島に自生 ・生態：亜北極種．落葉性．強い矮性で樹高は1〜9 cm．ほふく枝が伸長して小型で密なコロニーを形成． ・果実：果皮は青色で白い果粉を被る．非常に小さく3〜5 mm大．甘くて風味が良い
V. caesariense Mack. (2n = 24)	・一般名：Highbush blueberry ・分布：アーカンソー州およびテネシー州の西部からメキシコ湾岸を経てフロリダ州北部，北はニューヨーク州からメイン州まで．沼沢地や内陸部の低湿地に自生 ・生態：樹冠を形成．樹高は1.5〜2.0 m．V. atrococcum と雑種を形成 ・果実：果皮は青色．大きさは5〜7 mm．風味は良い
V. elliottii Chap. (2n = 24)	・一般名：Highbush blueberry ・分布：バージニア州の南東部からフロリダ州の南部，西はルイジアナ州およびアーカンソー州，テキサス州．砂質性の湖沼，河川の縁，沼沢地に自生 ・生態：樹冠を形成．樹高は2〜4 m ・果実：果皮は暗黒色．大きさは5〜8 mm．風味は劣る
V. formosum Andrews (2n = 48)	・同種異名：V. australe Small ・一般名：Highbush blueberry ・分布：アラバマ州南東部，フロリダ州北部，ニュージャージー州の北部．沿岸部では沼沢地，内陸部では沼地および湿地帯に自生 ・生態：落葉性．数本の主軸枝から樹冠を形勢．樹高は2〜4 m ・果実：青色，大きさは7〜12 mm．風味は秀 * 果実の風味が優れるため，野生種からの選抜が多かった．育種プログラムの中で，果実品質の向上に大きく寄与した **V. caesariense Mack. から派生した同質倍数体とみられている

表1-8 ブルーベリーが含まれるシアノコカス節の主要な「種」の特徴（続き）[1]

種・学名	特徴
V. fuscatum Aiton (2n = 48)	・同種異名：V. arkansanum Ashe 　　　　　　V. atrococcum (A. Gray) A. Heller 　　　　　　V. corymbosum var. atrococcum A. Gray ・一般名：Black highbush blueberry ・分布：アメリカ南東部地帯 ・生態：常緑性から半落葉性まで．樹冠を形成．低木性から中位の高さで1.5〜3.0 m．耐寒性は弱い ・果実：果皮は暗黒色．大きさは6〜10 mm．風味は劣る ＊V. atrococcumとV. darrowiとの交雑2倍体から派生した異質倍数体であるとみられている
V. hirsutum Buckley (2n = 48)	・一般名：Hairy fruited berry ・分布：ノースカロライナ州からテネシー州にかけての山脈．標高がおよそ650〜1,600 mの尾根，高地草原に自生 ・生態：落葉性．粗放的なコロニーを形成．樹高は40〜70 cm ・果実：果皮は暗黒色．大きさは6〜10 mm．果面に毛じがある ＊形態的に，V. atrococcumとV. darrowiとの交雑に由来しているとみられている
V. myrsinites Lam. (2n = 48)	・一般名：Evergreen blurberry ・分布：アラバマ州南部からサウスカロライナ州の中央部をへて，フロリダ州南部まで．V. darrowiと混在．太陽光線がよく入る低木林の中．よく乾燥する砂質土壌に自生 ・生態：常緑性．コロニーを形成．樹高は45〜90 cm．低温要求量は少ない．耐乾性，耐干性は強く，耐寒性は弱い ・果実：果皮は光沢がある黒色．果形は円形．大きさは12.5 mm以下．風味は良い ＊V. darrowiとV. tenellumとの交雑による同質倍数体とみられている
V. pallidum Aiton (2n = 24)	・同種異名：V. altomontanum Ashe 　　　　　　V. vacillans Kalm ex Torr. ・一般名：Dryland blueberry ・分布：ミネソタ州およびオンタリオ州南部からメイン州まで，南へはジョージア，アラバマ，アーカンソー州に，西はオクラホマおよびアーカンソー州のオザーク山脈までの広い範囲．開けた，あるいは一部開けた場所で，排水の良い，酸性で，有機物含量が適度の砂利あるいは砂質土壌に自生 ・生態：落葉性．樹高は平均して50 cm前後．根茎を伸長し，小規模から広大なものまでコロニーを形成．耐乾性が強い ・果実：果皮は青色で白い果粉を被るもの，暗青色のものがある．大きさは平均で4〜8 mm．風味は良い
V. simulatum Small (2n = 48)	・一般名：Highbush blueberry ・分布：アラバマ州およびジョージア州の北部からケッタッキー，バージニア州にかけての山脈．標高が330〜830 mまでの開けた山の斜面や草地．所によってはV. pallidumと雑種を形成している ・生態：樹冠を形成．樹高は1.5〜3.0 m ・果実：果皮は暗黒色．大きさは6〜10 mm．風味は良い
V. tenellum Aiton (2n = 24)	・一般名：Small cluster blueberry ・分布：バージニア州南東部からジョージア州およびアラバマ州，少ないがフロリダ州北部およびミシシッピー州東部まで．周期的な焼き払いによって草や低木の生長が抑制された松の平地林，砂の隆起部，開けた林地，開けた草地などに自生 ・生態：樹高は10〜75 cm．根茎を伸長し，広大なコロニーを形成 ・果実：果皮は黒色で光沢がある．表面には毛じがある．大きさは6〜8 mm．風味および肉質は劣る

[1] Eck and Childers eds. 1966；Luby et al. 1991；玉田1996；Vander Kloet 1988

図1-10　*V. angustifolium* Aiton
　　　　（ローブッシュブルーベリー）

図1-11　*V. darrowi* Camp
　　　　（エバーグリーンブルーベリー）

highbush）が育成されている．

2）品種改良上重要な形質を持った「節」と「種」

　ブルーベリーの品種改良は，同一「種」の交配，およびシアノコカス節内の種間交雑が中心である．しかし，1990年代の初めころから「節」間の交雑が試みられている．

　ラビーら（Luby *et al.* 1991）は，品種改良のために優良な形質を導入したい「種」として，次の5節・8種を挙げている（表1-7，8参照）．

① *Myrtillus* 節の *V. ovalifolium* Smith （Alaska blueberry）

　　　　　　　　V. parvifolium Smith （Red bilberry）

② *Vaccinium* 節の *V. uliginosum* L.（和名：クロマメノキ）

③ *Polycodium* 節の *V. stamineum* L. （Deerberry）

④ *Herpothamnus* 節の *V. crassifolium* Andrews （Creeping blueberry）

⑤ *Pyxothamnus* 節の *V. ovatum* Pursh. （Evergreen huckleberry）

　　　　　　　　V. consanguineum Klotzsch

　　　　　　　　V. floribundum Kunth

　これらの「節」または「種」の樹性および果実形質を導入することによって，土壌適応性や温度適応性が広い品種，病害虫抵抗性の強い品種，果実品質の優れた品種の育成が期待されている．

2. 世界のスノキ属植物

世界に自生するスノキ属植物は,およそ400種である(Luby et al. 1991). それらのうち40％は東南アジア,25％が北アメリカ,10％は中央・南アメリカに分布し,残りは世界中にみられる.

(1) 日本のスノキ属植物

日本に自生するスノキ属植物は,伊藤(2000)によると19種である.しかし,USDAのGRIN(2005)によれば,V. yatabei Makino(ヒメウスノキ)は,V. myrtillus L.(Bilberry,ビルベリー)と同一種である.そこで本書では,GRINの分類にしたがい,日本に自生するスノキ属植物を18種とした(表1-9)(Tamada 2006).

それらのうち,クロマメノキ(図1-12),コケモモ,ナツハゼ,シャシャンボおよびギイマなどは,古くからそれぞれの地域の人達および趣味家

表1-9 日本に自生するスノキ属植物[1]

学名(種名)	和名
V. boninense Nakai	ムニンシャシャンボ
V. bracteatum Thunb.	シャシャンボ
V. ciliatum Thunb.	アラゲナツハゼ
V. emarginatum Hayata	ヤドリコケモモ
V. erythrocarpum subsp. japonicum (Miq.) Vander Kloet[2]	アクシバ
V. hirtum Thunb. (syn. V. usunoki Nakai)[2]	ウスノキ
V. myrtillus L. (syn. V. yatabei Makino)[2]	ヒメウスノキ
V. oldhamii Miq.	ナツハゼ
V. ovalifolium Sm.	クロウスゴ
V. oxycoccos L. (syn V. microcarpum [Turcz. ex Rupr.] Schmalh.)[2]	ツルコケモモ
V. praestans Lamb.	イワツツジ
V. sieboldii Miq.	ナガホナツハゼ
V. shikokianum Nakai	マルバウスゴ
V. smallii A. Gray	オオバスノキ
V. uliginosum L.	クロマメノキ
V. vitis-idaea L.	コケモモ
V. wrightii A. Gray	ギイマ
V. yakushimense Makino	アクシバモドキ

[1] Tamada 2006
[2] USDA・GRIN 2005

図1-12　*V. uliginosum* L.（クロマメノキ）（わが国にも自生）

によって採取され，生食の他ジュース，砂糖漬け，塩漬け，果実酒などに加工されて楽しまれてきた．しかし，栽培化されることはなかった．近年になり，クロマメノキが「日本型ブルーベリー品種」の育種素材として注目されている（小松ら 2005）．

(2) ヨーロッパのスノキ属植物

ヨーロッパに自生するスノキ属植物は少ない．Hiirsalmi (1989) は，フィンランドの野生種として，Lingonberry（*V. vitis-idaea* L. コケモモ），Bilberry（*V. myrtillus* L. ビルベリー），Bog blueberry（*V. uliginosum* L. クロマメノキ），European cranberry（*V. oxycoccos*），Small cranberry（*V. microcarpum*）の五つを挙げている．

これらのうち，ビルベリーはヨーロッパの代表的な自生種で，スカンジナビア半島から東部ヨーロッパにかけて広く分布し，また，中部ヨーロッパでは標高の高い地域に分布している．果実は7 mm前後で小さく，果皮および果肉が軟らかくて潰れやすく，さらに酸味が非常に強いために生果で食されることは少ない．

収穫（採集）期は8月中下旬～9月初旬である（図1-13）．収穫果の大半は，冷凍後にジャムやジュースに加工されるほか，ヨーロッパをはじめ日本やアメリカなどに輸出され，アントシアニン色素の抽出素材になっている．

図1-13　*V. myrtillus* L.（ビルベリー）

（3）中国のスノキ属植物

中国に自生するスノキ属植物は多く，中国高等植物図鑑（1987）には常緑性のものが30種，落葉性のものが7種記載されている．

代表的な「種」は，越橘（V. *vitis-idaea* L., コケモモ），黒果越橘（V. *myrtillus* L., ビルベリー），篤斯（V. *uliginosum* L., クロマメノキ）で，これらは日本にも自生している．その他，日本と共通の種には常緑性のシャシャンボ，落葉性のナツハゼおよびアクシバなどがある．

第5章　形態

ブルーベリーは低木性で，株元から強い新梢が伸長するため，樹姿はブッシュ（Bush，そう生）になる．花および果実は房状に着生し，根は繊維根で浅根性であるなど，各器官の形態は特徴的である．

各器官の形態的特徴および季節的変化を知ることによって，樹の成長周期に合わせた栽培管理を行うことができる．

1．樹は低木性

栽培ブルーベリーは樹高および果皮色によって4つのタイプに区分される．成木の樹高が1 m以上になるのがハイブッシュ（Highbush，今日のノーザンハイブッシュ）とされ，1 m以下のものがローブッシュ（Lowbush）とされた．一方，ラビットアイ（Rabbiteye）は，果実の成熟過程で，果皮色が緑色からウサギの眼（rabbit-eye）のように赤くなることに由来している．

樹高は，一般的な管理のもとではノーザンハイブッシュがおよそ1.5～2.0 m，サザンハイブッシュが1.0～1.8 m，ハーフハイハイブッシュが0.5～1.0 mであり，ラビットアイは1.5 m～3.0 mになる．株元から数本の主軸枝が伸長して樹冠を形成する（図1-14）．

2．葉芽（枝芽）

葉芽は新梢（当年生枝）の中央部から基部にかけての葉腋に形成され，花

図1-14 ブルーベリーの樹姿．株元から数本の主軸枝が伸長して樹冠を形成する．樹高は1.0～2.5 mになる

芽は枝の頂端から下位数節に着く．

休眠芽は12～14枚の鱗片で覆われ，縦が長さ3～5 mmくらいの小さい円錐形をしている．春になって急激に肥大し，3月下旬（関東南部．以下，本章で記した月および旬は関東南部の場合を指す）には萌芽して葉が縦に丸まり，先端が尖った形となる．

(1) 枝の伸長

縦に丸まっていた葉身は，4月上旬には1～2 cmの長さになって開く（図1-15）．それ以降は新梢として伸長する．新梢は，満開時（開花2週間後くらい）には3～5 cmになり，3～5葉を着けている．この枝が1次伸長枝あるいは春枝で，その後，6月中・下旬から7月上旬ころまで伸長する．

新梢の最先端の葉腋にある2 mmくらいの大きさの葉と茎組織は，その後，'ブラックチップ'（black chip，黒い小片）に変化する．この小片は乾燥して萎み，およそ2週間は残っているが，やがて落ちる．この時期が新梢（1次伸長枝・春枝）の伸長停止期である（Gough et al. 1978a）．

(2) 新梢の種類

新梢は，前年枝上で先端（一般的に花芽が着く）から数節下位にある側芽から発生する．新梢には，次のような四つの種類がある．

 ① 1次伸長枝・春枝：4月上旬ころから6月中～7月上旬ころまで伸長する枝．
 ② 2次伸長枝・夏枝：1次伸長枝の伸長が一旦止まった後，同一枝から，夏期（7月中・下旬ころから）に伸長する枝．
 ③ 3次伸長枝・秋枝：2次伸長枝あるいは1次伸長枝から，8月中・下旬～9月上・中旬にかけて伸長する枝．

④強いシュート：春，株元や主軸枝から発生して秋まで続けて伸長する強勢で長い枝で徒長枝といってもよい枝．

新梢伸長は，一般的に，樹勢の強いラビットアイが，ノーザンハイブッシュやサザンハイブッシュよりも旺盛である．

3. 葉

葉は単葉で，葉序は5分の2である（Gough *et al*. 1978a）．葉の大きさは，タイプおよび品種，光や温度などの自然条件，施肥や灌水などの栽培条件などによっても異なる．タイプ間で比べると，一般にノーザンハイブッシュの葉は大型であり，ラビットアイは小型である．

図1-15 ブルーベリーは頂側生花芽で，純正花芽である関東南部では，開花は4月上旬から始まる

葉の形にはだ円形，広いへら状，倒ひし形および卵形などがあり，品種の特徴の一つである．ハイブッシュには卵形，ラビットアイにはへら形から倒ひし形が多く，また，ローブッシュとノーザンハイブッシュとの交雑種であるハーフハイハイブッシュには，細くて小さい広だ円形のものが多い．

葉縁もタイプによって異なり，一般にハイブッシュ葉は全縁状であり，ラビットアイ葉はきょ歯状である．

4. 花

ブルーベリーは前年枝（旧枝）の先端とその下位数節の側芽が花芽となる，いわゆる，頂側生花芽である（図1-15）．また，花芽と葉芽が別々になる純正花芽である（Gough *et al*. 1978b）．通常，節に1個の花房（1次花序）を着けるが，品種によっては副芽による花房（2次花序）を着ける．2次花序は1次花序と比べて小型で，小花数が少なく，開花も遅れる．

(1) 花芽

花芽分化は，新梢伸長が停止してから数週間後に始まる．形態的な花芽分化期は，関東南部では，ノーザンハイブッシュの'ジャージー'（春枝）が7月上旬から始まって9月中旬ころまで続き，ラビットアイの'ティフブルー'が7月下旬から9月中旬までである（Tamada 1997）．

枝当たりの着生花芽数は，一般的に，太くて長い新梢に多い．弱々しく細くて短い新梢では花芽が少ないか，あるいは全く着かないものもある．

花芽は季節が進むにしたがって肥大し，球形になる．10月になると，花芽は丸まった形になり，葉芽は細長くて尖った形をしているため，両者の区別が容易につく．花芽の大きさは，翌年の2月ころまでほとんど変わらない．

(2) 小花

花（小花の花冠）には，球形，倒置形の鐘形，つぼ形および管状形などの形態がある．タイプおよび品種によって形状に特徴があり，ノーザンハイブッシュおよびラビットアイには花冠が管状形からつぼ形の品種が多い．

花弁は結合して花冠となり，4〜5つの切れ込みがある（図1-16）．花冠の色は，一般的に白かピンクであるが，蕾の段階では赤色が強いものもある．がく（calyx）は4〜5つの切れ込みがあって筒（tube）を形成し，子房に着生しており，果実が成熟するまで着いている．

小花は子房下位である．子房は4〜5つの子室を持ち，その中に数個から数十の胚珠を含むため，種子は数十粒となる．

雌ずいは，小さい柱頭を持った糸状の花柱からなる．

雄ずいは8〜10個で，花冠の基部に差し込まれ，花柱の周りを円状に密に付いている．雄ずいは葯と花糸からなり花柱よりも短い（図1-16）．葯の上半部は2つの管状あるいは小突起からなり，花糸には縁に毛がある．小突起の端には花粉が放出される孔がある．

花粉は，四分子で立体的に集合している．1粒に見えるものは4個の花粉の塊であるため，花粉が健全であり，発芽条件が整っていれば4本の花粉管が伸長する．

(3) 開花

3月になると花芽は急激に大きくなり，4月初旬から開花が始まり，4月中旬に満開となる．開花期間は3～4週間である．

小花の開花は，同一枝上では枝の先端の花房が早く，下位の花房の開花が遅れる．また，同一花房内では基部の小花から開花し始めて先端部のものが遅いが，開花の早晩と果実の成熟の早晩との関係はあまり明瞭ではない．

5．果実

ブルーベリーは子房が発育した真果である（Darnell 2006）．

(1) 果実の生長と外観の変化

ブルーベリー果実は，開花2～3カ月後に成熟する．

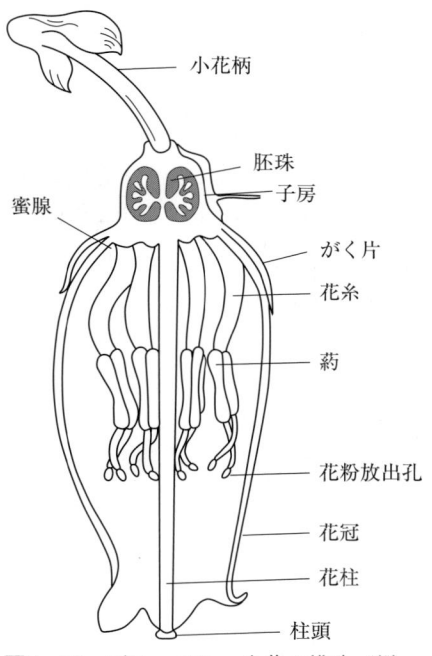

図1-16 ブルーベリー小花の構造（縦断面）
（Williamson and Lyrene 1995）

成熟期は，関東南部では，ハイブッシュが6月上旬（極早生品種）から7月下旬（晩生品種）ころまで，ラビットアイが8月上旬（極晩生品種の前期）から9月上旬ころ（極晩生品種の後期）まで続く．

受精してから成熟までの期間，および果実の成長に伴う形態的な変化について，コビル（Coville 1910）は次のように観察している；「子房は受精後およそ1カ月間，急速に肥大して膨らむ．しかし，それ以降の1カ月間は果実は緑色のままであり，容積的にはほとんど増加しない．この変化の少ない期間を過ぎると，がくの端が紫色に変化し，果皮は緑色から半透明色に変わって数日内に明るい紫色になり，その後は青色を増して果実本来の紫黒色になる．また，果実の容積は急激に増大し，直径では50％までも増

加した．さらに，完全に着色してからでも果実はさらに 20 ％も増大し，数日内に甘さおよび香りが高まった」．

　成熟果は，表面が白粉状のろう質，いわゆる果粉で覆われる．そのため，ブルーベリーに独特の明青色あるいは紫青色といわれる果皮色をていする．果粉の多少は品種によって違いがあるが，共通して，水分蒸散の抑制，撥水および光の反射などに役立っていると考えられている．

(2) 果形および果実の構造

　果形は扁形および円形に大別されるが，一般的には扁形が多い．

　果実は，子室中に多数の種子（胚珠）を含む（図1-17）．胚珠は，受精当初は100粒からそれ以上あるが，成長過程で発育停止を起こすため，成熟時には少なくなる．

　種子は，ラビットアイがハイブッシュよりも大きく，また，数も多い．ラビットアイの場合は同一品種でも異なり，早期の成熟果では種子が大きくて数も多いが，成熟が遅れた果実では種子が小さく，数も少ない．

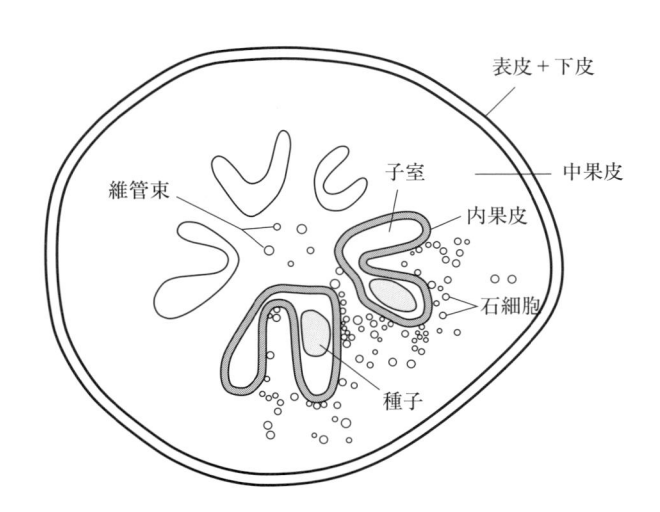

図1-17　ブルーベリー果実の構造（横断面）
(Eck and Childers eds. 1966)

6. 根

(1) 繊維根

　ブルーベリーには主根および直根の別がなく，多くが細根で繊維根である（図1-18）．そのため，根の伸長範囲は浅くて狭く，ほとんどは樹冠下内にある．細根の伸長力が弱く，生育に適した条件下でも1日1 mm程度の伸長で，小麦の20分の1である．さらに，ブルーベリーは根毛を欠くため，養水分吸収力は他の作物と比較して弱い（Eck and Childers eds. 1966）．

図1-18　根は多くが細根であるため土壌中の分布範囲は浅くて狭い

(2) 根の分布

　根の分布は，土壌の物理性に最も大きく影響される．そのため，土壌ち密度を低め，通気性・通水性，および保水性の均衡を保ち，土壌pHを酸性に保つために，植え穴にピートモスを混合して植え付ける方法が最も一般的である．しかし，そのようにして植え付けた場合でも根のほとんどが樹冠巾の範囲内に浅く分布する．

II. 栽培技術

第1章 ブルーベリーのタイプおよび品種の選定

　ブルーベリーには，タイプ（系あるいは種類）**があり，タイプごとに品種がある．そのため，栽培にあたっては，まず始めに地域の気象条件に合ったタイプを選び，次に品種を選定する．

　品種の選定は，成熟期，樹性，収量，品質，生態的特性である低温要求量および耐寒性などを基準にする．

1. ブルーベリーのタイプ

　ブルーベリーは，栽培ブルーベリーと野生（ワイルド）ブルーベリーに大別される（図2-1）．

　栽培ブルーベリーは経済活動を目的として栽培されるもので，ノーザンハイブッシュ，サザンハイブッシュ，ハーフハイハイブッシュおよびラビットアイの四つのタイプからなる．それぞれ，樹，果実，根の特性が異なり，生育に好適な土壌条件が異なる（表2-1）．

　一方，野生（ワイルド）ブルーベリーはローブッシュの別名で，もちろん栽培はされていない．

(1) ハイブッシュのグループ

　ハイブッシュは，休眠打破のために必要な低温要求量，耐寒性および樹高の違いから，さらに三つのグループ（group，群）に分けられる（Eck 1988）．学名はいずれも *V. corymbosum* L. である．

**ハイブッシュ，ラビットアイおよびローブッシュは植物分類学上の「種」であるが，栽培上の「品種」と混同されやすいため，本書では，植物分類学上の「種」はタイプあるいは種類とした．

(42) Ⅱ. 栽培技術

```
                                    タイプ
                                  （グループ）          （品種）
                       ┌─ ハイブッシュ ─┬─ ノーザンハイブッシュ ─ 品種
                       │   ブルーベリー  │   ブルーベリー
                       │                │
                       │                ├─ サザンハイブッシュ ── 品種
              ┌─ 栽培 ─┤                │   ブルーベリー
              │ ブルー │                │
              │ ベリー │                └─ ハーフハイハイ ───── 品種
ブルーベリー ─┤        │                    ブッシュブルーベリー
              │        │
              │        └─ ラビットアイ ──────────────────── 品種
              │           ブルーベリー
              │
              └─ 野生（ワイルド）─ ローブッシュ
                   ブルーベリー      ブルーベリー
```

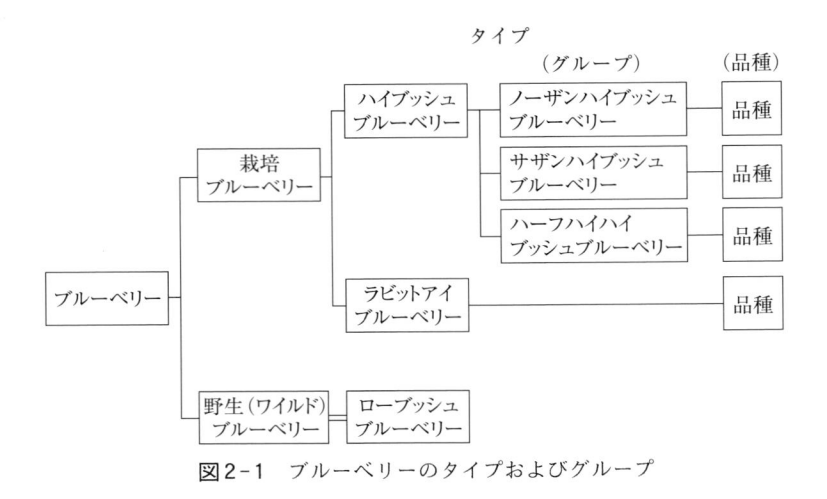

図2-1　ブルーベリーのタイプおよびグループ

表2-1　栽培ブルーベリーの主要な特性の比較（玉田 2004）

ブルーベリーのタイプ	樹							果実					根・土壌条件			
	樹形	樹高(m)	樹勢	新梢伸長	低温要求量	耐寒性	大きさ	品質	貯蔵性	収量	成熟期	根群	水分	耐乾性	生育に好適なpH範囲
ノーザンハイブッシュ	中型	1.0～2.0	中	中	多	強	大	優	良	多	6月上旬～7月下旬	大	最も好む	弱い	4.3～4.8
サザンハイブッシュ	小型	1.5前後	弱い	弱い	少	弱い	中	優	良	中～少	6月上旬～7月中旬	中	好む	中	4.3～4.8
ハーフハイハイブッシュ	小型	1.0前後	弱い	弱い	多	強	小	優	良	中～少	6月中旬～7月上旬	中	好む	中	4.3～4.8
ラビットアイ	大型	1.5～3.0	強い	強い	中	弱い	大～中	優	優	極多	7月上旬～9月上旬	大	好む	強い	4.3～5.3
他の果樹との相違点	株元から強いシュート，地下をはって吸枝が発生してブッシュになる．樹形，整枝・剪定法が大きく異なる							収穫期は，ノーザンハイブッシュ，ハーフハイハイブッシュおよびサザンハイブッシュは主に梅雨期，ラビットアイでは盛夏から晩夏である					根は繊維根で浅根性である．乾燥に弱く，強酸性を好む．そのため生育に適した土壌条件および土壌管理法が大きく異なる			

1) ノーザン（北部）ハイブッシュ（Northern highbush blueberry）

1990年代半ばまでは，単にハイブッシュと呼ばれていたグループである．品種改良の歴史が最も古く，また，品種数が最も多くブルーベリー栽培の中心をなしている（I．総論　第1章　栽培ブルーベリーの誕生　参照）．

このグループは，正式にはHigh‐chill（northern）highbush blueberryと呼ばれるように休眠覚醒のために必要な低温要求量（1.0～7.2℃以下の低温に遭遇する時間数）が，およそ800～1,500時間と多いのが特徴である．

2) サザン（南部）ハイブッシュ（Southern highbush blueberry）

正式にはLow‐chill southern highbush blueberryと呼ばれるように，低温要求量が少なく，およそ200～400時間である．

このグループは，アメリカ南部諸州の冬期が温暖な地帯でも栽培できるハイブッシュの育成を目標とした育種計画から生まれた．多くの品種がノーザンハイブッシュ（*V. corymbosum* L.）とエバーグリーンブルーベリー（*V. darrowi* Camp）との交雑によって生まれた．また，ノーザンハイブッシュ，エバーグリーン，ラビットアイ（*V. virgutum* Aiton）三種の交雑によるものもある．

3) ハーフハイ（半樹高）ハイブッシュ（Half‐high highbush blueberry）

ノーザンハイブッシュとローブッシュ（*V. angustifolium* Aiton）との交雑から生まれた．ハーフハイ（Half‐high）と呼ばれるように，ノーザンハイブッシュよりも樹形は小型で樹高が低く，またローブッシュのように耐寒性が強いため，冬期の気温が厳しい地域でも栽培できる．

(2) ラビットアイ

アメリカ南部の大きい河川沿いや湿原にかけて分布している野生種（*V. virgutum* Aiton）の改良によって育成されたタイプである．サザンハイブッシュに次いで低温要求量が少なくおよそ300～600時間であり，また耐寒性が弱いため，栽培適地は冬季が温暖な地帯である．

(3) 野生（ワイルド）ブルーベリー

アメリカ北東部からカナダの東部諸州にかけて広く分布するローブッシュ（*V. angustifolium* Aitonと*V. myrtilloides* Michx.の2種）である．果実は，

ジャム，ジュース，ワインなど各種加工品の原料として重要であり，ブルーベリー食品産業の中心をなしている．

両種とも低樹高，強い耐寒性および果実形質などの優れた特性から育種素材としても重要であり，ハーフハイハイブッシュは，ローブッシュとノーザンハイブッシュとの交雑から育成されている．

2．品種選定の判断基準

一般に，ブルーベリーの品種選定は品種特性のうち成熟期，樹性，収量，品質，生態的特性の低温要求量および耐寒性，その他の特性を判断基準にして行われる（Hancock and Siefker 1980）．

これらの特性は，さらにいくつもの形質からなっているため，形質についての具体的な比較が重要である（志村編著 1993）．

なお，新品種は，すでに栽培している品種と比較して，樹や果実の諸形質において全てが勝っているというものではない．それは育成者が，栽培者および消費者にとって一つでも二つでも有益な形質を保持していれば新品種として発表するからである．

(1) 成熟期

成熟期は，いわゆる収穫時期あるいは出荷時期といってよく，観光農園では摘み取り時期でもある．そのため，成熟期の早晩は果実の販売時期や期間と密接に関係している．

成熟期の早晩は，4～5段階に区分されてきた．しかし，新しいタイプの誕生や品種数の増加にともなって，成熟期の区分の見直しが進められている．本書では，品種特性に関する調査例を参考にして栽培ブルーベリー全体の成熟期を7段階に区分した（NeSmith 2001）．

①極早生：6月上旬
②早生：6月上旬～中旬
③早生～中生：6月下旬
④中生：7月上旬
⑤中生～晩生：7月中旬

⑥晩生：7月下旬
⑦極晩生：8月上旬以降

極晩生はさらに三期に分けられる．
　前期：8月上旬
　中期：8月中旬
　後期：8月下旬以降

　なお，ここで述べる成熟期の早晩は収量全体の20～50％が収穫された時期を示し，その時期は関東中～南部における場合である．

　成熟期の早晩は大きくはタイプによって分けられる．一般にハイブッシュの成熟期は極早生～晩生，ラビットアイは晩生～極晩生である．

(2) 樹性

1) 地上部

　樹性のうち，樹姿（樹全体を側面からみた形状．直立性および開張性，半直立性あるいは中），樹形（大型，中，小型），樹高（高，中，低）および樹勢（とくに新梢伸長の強弱．強，中，弱）が重要である．

　一般にラビットアイは樹形が大型で強勢，樹高が3.0 m，樹冠幅が2.5～3.0 mにもなる．ノーザンハイブッシュがこれに次ぎ，樹高は1.5～2.0 m，樹冠幅が2.0～2.5 mくらいである．ハーフハイハイブッシュは最も小型で，樹高は1.0 m前後，樹冠幅が1.5 m前後であり，樹勢も弱い．サザンハイブッシュの樹形はノーザンハイブッシュより小さいが，ハーフハイハイブッシュよりは大きい．

　樹高の高低は栽培の成否を左右する場合がある．たとえば積雪地帯で冬期の低温が厳しい所では，雪面上に出た花芽および葉芽が寒害あるいは寒風害を受けやすい．そのような所では被害を避けるため，雪に覆われているような樹高の低い品種が適している．

2) 地下部（根）

　土壌適応性はブリーベリーのタイプによって少し異なる．ノーザンハイブッシュはラビットアイに比べて土壌の乾燥や過湿に敏感であり，生育に好適な土壌pHレベルの幅が狭い．また，同一タイプでも土壌適応性の品種

間差異が大きい．
(3) 収量
収量は，ブルーベリー園経営の成否を左右する．

成木樹1樹当たりの収量は，一般的な栽培園では樹形が大型になるラビットアイがおよそ4～8 kg，中型から大型のノーザンハイブッシュでは3～5 kgが平均である．樹形が小型であるサザンハイブッシュの収量は2～4 kgであり，ハーフハイハイブッシュは0.2～1.0 kgくらいで少ない．

(4) 品質
果実の形質（果実の大きさ，果柄痕の状態など），品質（糖度および酸度，風味など）の検討はとくに重要である．これらの形質はブルーベリーのタイプおよび品種の特徴であるが，栽培管理の精粗にも大きく左右される．

1) 果実の大きさ
生食する場合，消費者には一般に，小さいものよりも大きい果実が好まれる．一方，生産者にとっては，果実の大小は一定時間における収穫量，および収穫意欲に大きく影響する．たとえば手収穫の場合，小さい果実は大きいものと比べて，収穫に多くの時間を要する．

2) 果柄痕の大小および乾湿
果柄痕は，果実中の水分の蒸発，裂果およびカビの発生源となって収穫後における果実品質の劣化，日持ち性に大きく影響する．

果柄痕は小さくて乾燥しているものがよい．

3) 果肉の硬さ
肉質は硬質性と軟質性とに分けられる．硬質性の果実は軟質性のものに比べると日持ち性が優れ，収穫後の品質劣化の進行が遅れる．また，食べる際の舌触りは肉質によって微妙に異なる．

4) 風味（食味）
果実の糖度，酸度（主にクエン酸含量）あるいは糖酸比の高低は，果実のおいしさを最も直接的に表すパラメーターである．風味のよい果実は，一般的に糖度が一定以上の高さであり，糖酸比が一定の範囲にあるとされている．

(5) 生態的特性
1) 低温要求量

　ノーザンハイブッシュは低温要求量が多く，およそ800～1,500時間である．そのため，栽培適地は夏期が冷涼であり，冬期が寒冷な地帯である．ハーフハイハイブッシュの低温要求量は明らかでない．

　ラビットアイおよびサザンハイブッシュの低温要求量は，それぞれが300～600時間，200～600時間である．両タイプはノーザンハイブッシュよりも冬期が温暖な地域が適地であり，サザンハイブッシュはラビットアイよりもさらに温暖な地域でも栽培できる．

2) 耐寒性

　耐寒性はブルーベリーのタイプによって大きく異なり，ノーザンハイブッシュ，ハーフハイブッシュは冬期の最低極温が-20℃以下の所でも栽培できる．一方，サザンハイブッシュ，ラビットアイは耐寒性が弱く，厳寒期に-10℃以下になる所では凍害を受ける危険性が高い．冬期の低温が厳しい北海道，東北地方，および本州でも標高の高い地域では，耐寒性の強いタイプと品種の選定が重要である．

(6) その他の特性
1) 日持ち性

　ブルーベリーは，ソフトフルーツ（soft fruit）といわれるように果皮と果肉が軟らかく，日持ち性が劣る．そのため，収穫作業および収穫後の果実の取り扱い過程における損傷，出荷後店頭に並んだ果実の品質劣化が大きな課題である．このような課題は，日持ち性のよい品種の選定によって相当程度克服できる．

2) 裂果性

　多くの地域で栽培されるブルーベリーは，そのタイプと品種によって成熟期が梅雨期と重なるため，しばしば，果皮に浅くヒビが入る，いわゆる裂果が発生する．裂果した果実は商品性が皆無となるため，裂果しないあるいは裂果の発生が少ない品種の選定が重要である．

第2章　品種の特徴

　日本の各地で栽培されているブルーベリーの品種はタイプおよびグループを合わせて50～70種にも及んでいる．それらのうちから，全国的に広く栽培されている品種，栽培者から高く評価されている品種，今後普及すると期待される品種を選んで，前章の「品種選定の判断基準」で挙げた栽培上とくに重要な樹の特性，果実形質について解説する．＊＊＊

1．ノーザンハイブッシュの品種

(1) 日本で育成された品種
1) あまつぶ星（Amatsubu-Boshi）

　群馬県農業総合試験場北部分場（群馬県沼田市）の育成で，1999年に発表．'コリンズ'と'コビル'との自然交雑実生といわれているが，明確ではない．

　樹姿はやや直立で，樹勢は中位．成熟は，沼田市で7月中・下旬～8月上旬に始まる．果実は扁円で，平均果重は1.9 g程度．果皮は青色で果粉が多い（図2-2）．果柄痕の大きさは中程度で，湿っている．肉質はやや軟らか

図2-2　あまつぶ星

＊＊＊本書では，アメリカにおける種苗登録品種の専門解説書である「The Brooks and Olmo Register of Fruit & Nut Varieties」のブルーベリーの章を柱にすえ（Lyrene 1997），多くの文献による解説，および日本における調査結果を補足する形で整理した（文献は巻末に示した）．
　記載は，日本で育成された品種を初めに取り上げ，次に，成熟期の早晩別（時期は関東南部における比較）にアルファベット順とした．
　なお，アメリカの育成品種の解説では，国名は除いて州名から記した．

く，果肉は白色．甘味・酸味は中位．食味は良好．

2）おおつぶ星（Ohtsubu-Boshi）

群馬県農業総合試験場北部分場（群馬県沼田市）の育成で，1998年に発表．'コリンズ'と'コビル'との自然交雑実生といわれる．

樹姿は直立と開張の中間．樹勢は強い．成熟期は，沼田市で7月上旬から始まる．果実は扁円形で大きく，平均2.0 gである（図2-3）．果粉は多いが果皮は暗青色で，果肉は淡緑色．果柄痕の大きさは中程度．酸味はやや強く，果汁が多い．食味は良好である．

(2) 極早生品種（成熟期：6月上旬）

1）ブルータ（あるいはブルエッタ，Bluetta）

図2-3　おおつぶ星

図2-4　ブルータ

ニュージャージー州立農業試験場とUSDAとの共同育成で，1968年に発表．系統番号 No. 3と'アーリーブルー'との交雑．

樹高は低く90～120 cmくらい．樹形は小型で開張性．樹勢は中位，収量性は高い．果実は小粒～中粒．果粉があり，果皮は青色（図2-4）．果柄痕は大きいが，果肉は硬い．香気があり，風味は良い．裂果は少ないが，日持ち性は劣る．耐寒性が優れる．

2）デューク（Duke）

USDAとニュージャージー州立農業試験場による共同育成で，1986年に

図2-5 デューク

図2-6 アーリーブルー

発表．系統番号 G-100 と系統番号 192-8 との交雑．

樹姿は直立性，樹勢は旺盛である．収量性は安定して高く，成熟が揃う．果実は中粒～大粒．果粉が多く，果皮は青色（図2-5）．果柄痕は小さくて乾き，果肉は硬い．風味は普通．収穫後，独特の香気が発生する．日持ち性は良い．成熟期に降水量の多い地域あるいは年には果実品質が劣る．

3）アーリーブルー（Earliblue）

USDA とニュージャージー州立農業試験場との共同育成，1952年発表．'スタンレー'と'ウェイマウス'との交雑．

樹姿は直立～開張性であり，樹勢は強い．収量性は中位．果実は中粒～大粒．果形は扁円．果粉が多く果皮は明青色（図2-6）．果柄痕の状態は良く，果肉は硬い．わずかに香気がある．やや酸味はあるが風味は優れる．日持ち性は良い．裂果が少ない．耐寒性が強い．

(3) 早生品種（成熟期：6月上旬～中旬）

1）コリンズ（Collins）

USDA とニュージャージー州立農業試験場との共同育成で，1959年発表．'スタンレー'と'ウェイマウス'との交雑．

樹姿は直立～開張性．樹勢は中位．収量性は安定しない．果実は中粒～大粒．果形は円形～扁円．果粉が多く果皮は明青色（図2-7）．果柄痕の状

態は中位．果肉は硬い．わずかに香気がある．甘酸適和で風味は優れる．成熟果は裂果しやすい．耐寒性は弱く，土壌適応性も狭い．

2）パトリオット（Patriot）

USDAとメイン州立農業試験場との共同育成で，1976年に発表．系統番号 US3 と'アーリーブルー'との交雑．

図2-7　コリンズ

樹姿は直立性．樹高は低く，成木でも120 cm くらい．樹勢は強い．収量性は安定して高い．果実は大粒．果形はわずかに扁円（図2-8）．果皮は暗青色．果柄痕は小さくて乾き，くぼむ．風味はきわめて良い．耐寒性は非常に強く，土壌適応性も広い．

図2-8　パトリオット

(4) 早生～中生品種（成熟期：6月下旬）

1）ブルージェイ（Bluejay）

ミシガン州立農業試験場の育成で1978年に発表．'バークレー'と系統番号ミシガン241との交雑．

樹姿は直立性．樹勢が強く，樹高は成木になると2 mを越える．収量性は中位．成熟期は'ブルークロップ'よりも5～7日早い．

果実は中粒で，果形は円形．果粉が多く，果皮は明青色（図2-9）．果柄痕の状態は良く，果肉は硬い．酸がやや多いが風味は良い．裂果は少ない．日持ち性および貯蔵性が良い．耐寒性は非常に強い．マミーベリー（モニ

図2-9　ブルージェイ

図2-10　エチョータ

図2-11　スパータン

リア病）抵抗性が強い．

2）エチョータ（Echota）

　ノースカロライナ州立大学の育成で，1999年に発表．系統番号E-66とNC683との交雑．

　樹姿は半直立性であり，樹勢は強い．収量性は安定して高い．果実は大粒．果皮は明青色（図2-10）．果柄痕の状態は非常によい．酸味は少し強いが，風味は良好で，日持ち性に優れる．

3）スパータン（あるいはスパルタン，Spartan）

　USDAの育成で1977年に発表．'アーリーブルー'と系統番号US11-93との交雑．

　樹姿は直立性で，樹勢は中位．樹高は成木で150～180cm．収量性は中位．成熟期間は短い．果実はきわめて大粒．果形は円形から扁円．果粉は少ないが，果皮は明青色（図2-11）．果柄痕の状態は中位．果肉は硬い．風味はとくに優れる．裂果は少ない．耐寒性は強いが，土壌適応性は狭い．

(5) 中生品種（成熟期：7月上旬）

1）ブルーヘブン（Bluehaven）

ミシガン州立農業試験場の育成で1967年に発表．'バークレー'と系統番号19-Hとの交雑．

樹姿は直立性，樹高は成木で150 cm以上になる．収量性は高い．収穫期間は長く4〜6週間にも及ぶ．果実は大粒で，果形は円形．果皮は明青色である（図2-12）．果柄痕は非常に小さくて乾き，果肉は硬い．風味は非常に良い．耐寒性が強い．

図2-12　ブルーヘブン

2）ブルークロップ（Bluecrop）

USDAとニュージャージー州立農業試験場との共同育成で，1952年発表．系統番号GM-37とCU-5（スタンレー×ジューン）との交雑．樹姿は直立性で

図2-13　ブルークロップ

あるが結実とともに開張する．樹勢は中位．樹高はおよそ120〜180 cmくらい．収量性は安定して高い．果実は中粒〜大粒．果形は円形から扁円形．果粉が多く果皮は明青色（図2-13）．果柄痕は小さくて乾く．果肉は硬い．酸味はあるがマイルドな香りがあり，風味は非常に良い．耐寒性は強く，土壌適応性は広い．

ノーザンハイブッシュの標準品種である．

3）ブルーレイ（Blueray）

USDAとニュージャージー州立農業試験場との共同育成で，1955年に発表．系統番号GM37とCU5との交雑．

図2-14　ブルーレイ

図2-15　レガシー

樹姿は直立性であり，樹勢は強い．収量性は安定して高い．成熟期は中．果実は大粒から非常に大粒．果形は扁円（図2-14）．果粉が多く，果皮は中位の青色．果柄痕の状態は中位で，果肉は硬い．香りがあり，酸はやや多いが風味は優れる．日持ち性は良．耐寒性は強い．

4）レガシー（Legacy）

USDAとニュージャージー州立農業試験場との共同育成で，1993年発表．'エリザベス'と系統番号US75との交雑．

樹姿は直立性であり，樹勢は旺盛．樹高は成木で180 cmくらい．収量性は高い．果実は中粒．果色は明青色（図2-15）．果柄痕の状態は優れる．果肉の硬さは中位．風味は優れる．

5）プル（Puru）

ニュージーランドのMoanatuatua研究農場の育成，1985年に発表．系統番号E118（アッシュワース×アーリーブルー）と'ブルークロップ'との交雑．

樹姿は直立性で，樹勢はやや強い．収量性は高い．果実は大粒．果形は扁円．果皮は青色（図2-16）．果柄痕は小さくて乾く．風味は良い．裂果がみられる．

6）シェイラ（Sierra）

ニュージャージー州立農業試験場の育成で1988年に発表．系統番号

US169 と G-156 (*V. corymbosum* の選抜系統) との交雑. US169は4倍体種 (*V. darrowi*栄養系 Fla. 4B × US56) と6倍体種 (ラビットアイ × *V. constablaei*) との交配による5倍体種の自殖実生. すなわち, この品種は *V. corymbosum, V. darrowi, V. virgutum, V. constablaei* の四種の遺伝質を含む.

樹姿は直立性. 樹勢は強い. 収量性は高い. 果実は中粒～大粒. 果形は扁円. 果粉は多く, 果皮は青色 (図2-17). 果柄痕は小さい. 果肉は硬い. 風味は優れ, 日持ち性も良い. 土壌適応性が広い.

(6) 中生～晩生品種 (成熟期:7月中旬)

図2-16 プル

図2-17 シェイラ

1) ブルーゴールド (Bluegold)

ニュージャージー州立農業試験場による育成で1988年に発表. 'ブルーヘブン' と系統番号 ME-US-5 との交雑.

樹姿は直立性. 樹高は低く成木でも120 cmくらい. 収量性は高い. 果実は中粒. 果形は円形 (図2-18). 果皮は明青色. 果柄痕は小さくて乾く. 果肉は硬い. 風味は非常に良い. 日持ち性が良い. 耐寒性が強い. 着花 (結果) 過多の傾向がある.

2) ブリジッタブルー (Brigitta Blue.)

一般に, ブリジッタと呼ばれている. オーストラリア・ビクトリア州農業省園芸研究所の選抜, 1977年に発表. アメリカ・ミシガン州立大学から贈

図2-18 ブルーゴールド

図2-19 ブリジッタブルー

図2-20 チャンドラー

られた'レイトブルー'の自然受粉実生.

樹姿は直立性. 樹勢は強い. 収量性は安定して高い. 果実は中粒～大粒. 果皮は青色(図2-19). 果柄痕は小さくて乾く. 果肉は硬くパリパリした感じ. 糖酸が調和して風味は良い. 日持ち性および輸送性はともに優れる.

3) チャンドラー (Chandler)

USDAの育成で1994年に発表. 'ダロー'と系統番号M-23との交雑.

樹姿は直立性. 樹勢は旺盛で, 樹高は成木でおよそ180cm. 収量性は安定して高い. 成熟期間は長く5～6週間にも及ぶ. 果実は大粒から特大, 果皮は明青色(図2-20). 果柄痕は小さくて乾く. 果肉の硬さは中位. 風味は非常に優れる.

(7) 晩生品種(成熟期:7月下旬)

1) コビル (Coville)

USDAとニュージャージー州立農業試験場との共同育成で, 1949年に発表. 系統番号GM-37と'スタンレー'との交雑.

樹姿は開張性であり，樹勢は旺盛．収量性は高い．果実は非常に大きい．果形は扁円形．果皮は青色（図2-21）．果柄痕の状態は中位，果肉は硬い．わずかに香気がある．酸味は強いが風味は非常に良い．成熟果の裂果および落果は少ない．自家結実性は弱い．

図2-21　コビル

2）レイトブルー（Lateblue）

USDAとニュージャージー州立農業試験場との共同育成で，1967年に発表．'ハーバート'と'コビル'との交雑．

樹姿は直立性であり，樹勢が強い．収量性は高い．成熟は比較的揃う．果実は中粒～大粒．果形は扁円．果粉があり，果皮は明青色（図2-22）．果柄痕は小さい．果肉は硬い．酸味はあるが風味は良い．

図2-22　レイトブルー

2．サザンハイブッシュの品種

サザンハイブッシュは，現在のところ，全てがアメリカの育成品種である．

(1) 早生品種（成熟期：6月上旬～中旬）

1）オニール（O'Neal）

ノースカロライナ州立大学とUSDAとの共同育成，1987年に発表．'ウルコット'と系統番号Fla. 4-15との交雑．この品種にはノーザンハイブッシュ，ローブッシュ，ラビットアイ，野生種のダローアイの遺伝質が混合している．低温要求量は400～500時間．

図2-23 オニール

図2-24 スター

樹姿は半直立性．樹勢が強く，収量性は高い．成熟は，関東南部では6月中旬から始まる．果実は大きく，丸みを帯びた扁円形．果粉は少ないが，果皮は青色（図2-23）．果柄痕の状態は良い．果肉の硬さおよび風味はともに優れる．土壌適応性の幅が広い．

サザンハイブッシュの標準品種である．

2）スター（Star）

アメリカ・パテント品種．フロリダ州立大学の育成で1996年の発表．系統番号FL80-31と'オニール'との交雑．低温要求量は約400～500時間．

樹姿は半直立性，樹勢は中位．収量性は中位．関東南部の成熟期は6月中旬から始まる．果実は大粒～特大．果皮は暗青色（図2-24）．果柄痕の状態および果肉の硬さは秀でる．風味は優れる．

3）リベイル（Reveille）

ノースカロライナ州立大学の育成．1990年に発表．系統番号NC 1171とNCSF-12-Lとの交雑．低温要求量はおよそ600～800時間．

樹姿は直立性，枝梢の開張が少ない．樹勢は普通．成熟期は'オニール'とほぼ同時期．果実は中粒で，果皮は明青色（図2-25）．果柄痕の状態，果肉の硬さは秀でる．シャリシャリした肉質．風味は良い．着色の進行が不揃い．土壌適応性が狭い．

(2) 早生～中生品種（成熟期：6月下旬）

1）サファイア（Sapphire）

アメリカ・パテント品種．フロリダ州立大学の育成．1999年に発表．交配母本は不明．低温要求量はおよそ200～300時間．

樹姿は半直立性．樹勢はやや弱い．果実は中粒～大粒．果皮は青色（図2-26）．果柄痕は乾く．果肉の硬さは良い．風味は特徴的で，酸味はあるが甘味が強い．土壌適応性が狭い．

(3) 中生品種（成熟期：7月上旬）

1）ミスティー（Misty）

フロリダ州立大学の育成．1990年に発表．系統番号FL67-1と'エイボンブルー'との交雑．ほとんどがノーザンハイブッシュの遺伝質であるが，ラビットアイ，ダローアイおよび V. tenellum Aiton（一般名，小果房ブルーベリー）の遺伝質も含む．低温要求量はおよそ100～300時間．

図2-25　リベイル

図2-26　サファイア

樹姿は直立性．樹勢は強いが，強いシュートの発生が少ない．成熟期は6月下旬から始まる．果実は中粒～大粒．果皮は明青色（図2-27）．果柄痕の状態，果肉の硬さおよび風味はいずれも良い．冬季が温暖な地域では半落葉性から常緑性を示す．着花過多の性質が強い．

2）サウスムーン（Southmoon）

アメリカ・パテント品種．フロリダ州立大学の育成．1995年の発表．系統番号FL80と4種のサザンハイブッシュ選抜種との交雑．低温要求量は約

図2-27　ミスティー

図2-28　サウスムーン

図2-29　マグノリア

300〜400時間．樹姿は直立性．収量性は高い．

果実は大きい．果皮色は中位（図2-28）．果実の硬さは秀である．果柄痕の状態および風味は中位．土壌適応性が狭い．

(4) 中生〜晩生品種（成熟期：7月中旬）

1) マグノリア（Magnolia）

USDA小果樹研究所（ミシシッピー州ポプラビレ市）による育成．1994年の発表．系統番号FL78-15とFL72-5との交雑．低温要求量はおよそ500時間．

樹姿は開張性．樹高は中位．樹勢は成木になると強い．収量性は高い．成熟は7月上旬ころから始まる．果実は中粒〜大粒（図2-29）．果皮色，果肉の硬さ，風味はいずれも良い．果柄痕は小さい．

(5) 晩生品種（成熟期：7月下旬）

1) オザークブルー（Ozarkblue）

アメリカ・パテント品種．アーカンソー州立大学の育成で1996年の発表．系統番号G-144とFL64-76との交雑．お

よそ81％がハイブッシュ，13％がダローアイ，6％がラビットアイの遺伝質からなる．低温要求量はおよそ800～1,000時間．

樹姿は半直立性であり，樹勢は中位．収量性は安定して高い．成熟期は育成地のアーカンソー州ではノーザンハイブッシュ'ブルークロップ'の約10日後である．果実は大きく，果皮は明青色（図2-30）．果柄痕の状態，果肉の硬さ，および風味はいずれもきわめて優れる．耐寒性が強い．

2）サミット（Summit）

ノースカロライナ州立農業試験場，アーカンソー州立農業試験場およびUSDAの三者による共同育成．1998年発表．系統番号G-144とE14-76との交雑．低温要求量はおよそ800時間．

樹姿は半直立性，樹勢は中位である．果実は大粒（図2-31）．果肉は硬い．果色，果柄痕の状態および風味はいずれも秀でる．

3．ハーフハイハイブッシュの品種

ハーフハイハイブッシュは全てアメリカの育成品種である．このタイプの育種方向は二つあり，一つは生果生産を目的とするもので，ノーザンハイブッシュと同様な果実品質を保持し，より寒冷地でも栽培できる耐寒性の強い品種の育成である．もう一つは果実生産とあわせて樹形，葉，花など観賞性が高い品

図2-30　オザークブルー

図2-31　サミット

種の育成である．
(1) 生果用品種
1) チッペワ（Chippewa）

　ミネソタ州立大学による育成で1996年に発表．B18とUS3との交雑．耐寒性が強いため，冬期の低温が非常に厳しい地域でも栽培可能である．

　樹姿は直立性．収量性は高く，平均収量は成木で約1.5〜3.0 kg．成熟期は中生．果実は大粒．果皮は明青色（図2-32）．果肉は硬い．甘味があり，風味は中位．

2) ノースランド（Northland）

　ミシガン州立大学による育成で，1967年に発表．'バークレー'と系統番号19-Hとの交雑．耐寒性は強い．

図2-32　チッペワ

図2-33　ノースランド

樹姿は半直立性あるいは開張性．枝梢がよくしなる．樹高は成木でも120 cmくらい．収量性は高い．成熟期は早生〜中生．果実は小粒〜中粒．果形は円形．果皮は中位の青色（図2-33）．果肉は硬い．果柄痕は小さくて乾く．風味は良い．地方市場出荷用および加工用に向く．温暖地では成長が旺盛になり，樹形が大きくなる．

3) ポラリス（Polaris）

　ミネソタ州立大学による育成で，1996年に発表．系統番号B15と'ブルータ'との交雑．耐寒性は強い．

　樹姿は直立性．樹高は成木でもおよそ120 cm．収量性は中位．成熟期は早生．果実は中粒．果皮は淡青色（図2-34）．果柄痕は小．果肉は非常に

硬い．ノーザンハイブッシュの中で最も風味が良いといわれる'スパータン'に似た芳潤な香りがあり，風味はきわめて優れる．

(2) 観賞用品種

1）ノースカントリー（Northcountry）

ミネソタ州立大学による育成で1986年に発表．系統番号B6とR2P4との交雑．耐寒性は非常に強い（-37℃でも樹に障害がみられなかった）．樹勢は中位．樹高は成木でも45〜60 cm．樹冠幅は100 cmくらい．しかし，土壌の種類によってはさらに樹形が大きくなる．収量は少なく，1樹当たり1.0〜2.5 kgくらい．成熟期は早生．果実は中粒で，平均で0.8 g（横径は13 mm前後）．果皮は明青色（図2-35）．甘味があり風味はローブッシュに似る．果肉はいくぶん軟らかい．果柄痕は小さい．

図2-34 ポラリス

図2-35 ノースカントリー

葉は暗緑色で小型．秋季には深紅色に紅葉する．

2）ノーススカイ（Northsky）

ミネソタ州立大学による育成で1983年に発表．系統番号B6とR2P4との交雑．耐寒性は非常に強い．

樹高は成木でも35〜50 cmであるため，積雪量が多い地域では冬期間，雪で覆われる．樹冠幅は60〜90 cmくらい．成熟期は中生．収量は少なく，450〜900 gの範囲．果実は小粒〜中粒．果皮は灰色がかった果粉で青色

（図2-36）．風味はローブッシュに似る．葉は密に付き，夏季は光沢のある緑葉が美しく，秋季には鮮やかに紅葉する．

3）トップハット（Tophat）

ミシガン州立大学の育成で1960年に発表．系統番号19-H（Mich. HBS120 × Mich. wild LBS 1）と Mich. 36-H（系統番号 Mich. 19-H × バークレー）との交雑．

樹姿は節間がつまり矮性で球形．広がりは30 cm くらい．果実収量は少なく，1樹でおよそ230 g（1/2パイントくらい）である．果実の大きさは中粒〜大粒．果皮は輝く青色（図2-37）．果肉は硬い．果柄痕は小さい．風味は中位．

葉は小型で秋季には紅葉する．

4．ラビットアイの品種

ラビットアイの品種は，ノーザンハイブッシュに次いで多いが，ここでは主要な9品種を取り上げた．成熟期はほとんどの品種が極晩生である．

図2-36　ノーススカイ

図2-37　トップハット

(1) 極晩生・前期の品種（成熟期：8月上旬）

1）アラパファ（Alapaha）

アメリカ・パテント品種．ジョージア州沿岸平原試験場とUSDAとの共

同育成．2001年発表．系統番号T-65と'ブライトウェル'との交雑．低温要求量は450〜500時間．

　樹姿は開張性，樹勢は強い．収量性は安定して高い．果実は中粒（図2-38）．果皮色，果肉の硬さおよび風味は秀でる．果柄痕は小さくて乾き，日持ち性も優れる．

図2-38　アラパファ

2）クライマックス（Climax）

　ジョージア州沿岸平原試験場とUSDAとの共同育成，1974年に発表．'キャラウェイ'と'エセル'との交雑．低温要求量は約450〜500時間．樹姿は半〜直立性．樹形は小型．成熟が揃うため最初の1〜2回で全体の80％を収穫できる．果実は

図2-39　クライマックス

中粒．果皮は中位から明青色まで（図2-39）．果柄痕は小さい．果肉は硬い．種子数は多い．風味は良い．土壌の乾燥あるいは過湿に比較的敏感である．成熟期間中，降水による裂果が多い．

3）ウッダード（Woodard）

　ジョージア州沿岸平原試験場とUSDAとの共同育成，1960年に発表．'エセル'と'キャラウェイ'との交雑．低温要求量は350〜400時間．樹姿は代表的な開張性．樹勢は中位〜強．成熟期は'クライマックス'より遅い．収穫初期の果実は極めて大粒であるが，収穫が進むと小粒になる．果形は扁円．果皮は明青色（図2-40）．果柄痕が大きく湿る．完熟果の風味は良いが，青色に着色してから5日くらい経たないと酸味が抜けない．日持ち性

図2-40　ウッダード

図2-41　オースチン

は劣る．
(2) 極晩生・中期の品種（成熟期：8月中旬）
1) オースチン（Austin）
　ジョージア州沿岸平原試験場とUSDAとの共同育成，1996年発表．系統番号T110と'ブライトウェル'との交雑．低温要求量はおよそ450～500時間．
　樹姿は直立性．樹勢は強い．収量性は高い．果実は大粒で，果皮は明青色（図2-41）．果柄痕の状態，果肉の硬さおよび風味はいずれも良い．
2) ブライトウェル（Brightwell）
　ジョージア州沿岸平原試験場とUSDAとの共同育成で，1981年に発表．'ティフブルー'と'メンディトー'との交雑．低温要求量は350～400時間．
　樹姿は直立性で樹形は中位．樹勢は旺盛．収量性は非常に高い．果実は大粒．果形は扁円～円形．果皮は明青色（図2-42）．果肉は良．果実中の種子数は多い．果柄痕は小さくて乾く．風味は良好．雨による裂果はない．市場出荷向けに秀でる．結果過多になりやすい．
3) ホームベル（Homebell）
　ジョージア州沿岸平原試験場とUSDAとの共同育成で，1955年発表．'マイヤーズ'と'ブラックジャイアント'との交雑．
　樹姿は直立性であるが，枝梢がしなるため開張的になる．樹勢はきわめて旺盛．収量性は非常に高い．果実は中粒～大粒．果形は円形．果皮は中位

の暗青色(図2-43).果実が成熟すると果肉が軟らかくなり過ぎ,また,果皮が裂けやすい.風味は中位で,種子を多く感ずる(種ぽい).市場出荷には向かない.

(3) 極晩生・後期の品種(成熟期:8月下旬)

1) パウダーブルー(Powderblue)

ノースカロライナ州立農業試験場とUSDAとの共同育成で,1975年に発表.'ティフブルー'と'メンディトー'との交雑.低温要求量は約450〜500時間.

樹姿は直立〜開張性であり,樹勢は強い.樹形は小型.収量性は高い.果実は中粒.果皮は明青色(図2-44).果柄痕は小さくて乾く.果肉が硬い.風味は良好.裂果が少ない.

2) ラヒ(Rahi)

パテント品種.ニュージーランド園芸および食料研究所(株)の育成で,1992年に発表.'プリミアー'の自然受粉実生.低温要求量は400〜500時間.

樹姿は直立性.樹勢は強.収量性は中位.果実は中粒〜大粒.果形は円形.果皮は明青色

図2-42 ブライトウェル

図2-43 ホームベル

図2-44 パウダーブルー

(図2-45).風味は秀でる.貯蔵性がきわめて優れ,CA貯蔵した場合,8週間の貯蔵でも品質の劣化が少ない.

3）ティフブルー（Tifblue）

ジョージア州沿岸平原試験場とUSDAとの共同育成.1955年に発表.'エセル'と'キャラウェイ'との交雑.低温要求量は約600～800時間.

樹姿は直立性.樹勢は旺盛.収量性は非常に高い.果実は中粒.果形は扁円～円形.果粉が多く,果皮は非常に明るい青色（図2-46）.果肉は硬く,果柄痕は小さく乾いている.種子数は比較的少ない.適熟果の風味は非常に良い.青色に着色してからおよそ5日以上経たないと酸味が残るため,早取りしないように注意する.日持ち性も良い.土壌適応性が比較的広い.

図2-45　ラヒ

図2-46　ティフブルー

ラビットアイの標準品種である.

第3章　苗木養成

苗木養成は,樹および果実形質の優良な品種の増殖を目的としている.そのため,苗木は第一に品種が正確でなければならない.

ブルーベリーの苗木養成は,休眠枝挿しおよび緑枝挿しによる方法が最も

一般的である．接ぎ木は主として品種更新のために行われ，種子繁殖は育種を目的とした実生苗の養成のために行われている．

なお，パテント品種には苗木養成について規制があるため，自家で増殖する場合には苗木の購入先と契約を交わす必要がある．

1．挿し木

挿し木には，休眠枝挿しと緑枝挿しの二つがある．
（1）休眠枝挿し

休眠枝挿しは，旺盛に伸長した前年枝を休眠期間中に採穂し，いったん貯蔵した後，春期に挿し木する方法である．この方法は，ノーザンハイブッシュに適しており，高い発根率が得られる．ラビットアイでも行われているが，一般的に発根率は低い（Mainland 2006）．
1）採穂時期

休眠枝は，旺盛に伸長し，十分に硬化している徒長枝（強いシュート）で，太さが6～13 mm前後のものがよい．弱い枝や秋に伸長して硬化が不十分な枝は使用しない．また，栄養障害がみられる母樹からは採穂しない．

採穂時期は，基本的には，葉芽の低温要求量が満たされたころである．葉芽の低温要求量は，ノーザンハイブッシュがおよそ800～1,500時間，ラビットアイが300～600時間である．しかし，冬期の低温が厳しく，休眠枝がしばしば障害を受けるような所や，苗木を大量に養成する場合には，落葉後に採穂し，挿し木をするまでの期間，低温貯蔵しておく．

モアーとインク（Moore and Ink 1964）によると，ノーザンハイブッシュの'ブルーレイ'，および'ブルークロップ'を11～3月までの期間中，定期的に採穂し，4月の挿し木時期までポリエチレン袋に入れ，0℃で貯蔵した場合，発根率は挿し木直前に採取したものと変わらなかった．
2）穂の調整および貯蔵

挿し穂の長さと太さは発根率および根の伸長に影響する．一般的には挿し穂は長さが10 cm，太さは8 mmくらいが適当とされている．これより細い穂では発根は容易ではあるが発根後の成長が遅く，太いものは発根は

難しいが発根後の成長が早い傾向がある．また，花芽を着けた穂は発根が悪いため，花芽が着生している休眠枝の上部部分は使用しない．

採取した枝は，まず，長さを7～10 cmに切り揃える．揃えた枝（穂）は，湿らせた水ゴケを詰めたプラスチック容器や発泡スチロール箱に，穂の基部を下にして入れ，挿し木時期まで-1.0～4.5℃の範囲で貯蔵する．

3) 挿し床

発根は，水分保持力があるとともに，通水性・通気性の良好な挿し床で優れる．そのため，挿し床には，細かくした水ゴケ，ピートモスあるいはピートモスと鹿沼土の混合用土が勧められる（表2-2）．

容器は，大きさが40×60 cm，深さが15 cmくらいのプラスチック製のものが一般的である．用土の深さはおよそ10 cmくらいがよい．また，用土のpHは4.3～5.3の範囲とする．用土に肥料は混合しない．

4) 挿し木の時期

挿し木の時期には比較的巾がある．石川（1986）によると，2月に採穂して2～4カ月間貯蔵した後挿し木した場合でも比較的高い発根率が得られて

表2-2 ラビットアイブルーベリー休眠枝挿しの品種，挿し木日および用土による発根率の相違（石川 1986）
（穂木は2月に採穂し2～4カ月間貯蔵したものである）

品　種	挿し木日	鹿沼土(%)	ピートモス(%)	ピートモス*+鹿沼(%)	平均(%)
ウッダード	4月18日	22.0	94.0	96.0	70.6
	5月18日	30.0	67.0	96.0	69.4
	6月17日	20.0	80.0	86.0	62.0
	平均	24.0	80.4	92.7	—
ティフブルー	4月18日	4.1	98.0	100.0	67.4
	5月18日	10.2	88.0	86.3	61.5
	6月17日	2.0	100.0	65.3	65.3
	平均	5.4	95.3	93.4	—

＊混合割合は当量

いる．枝の貯蔵状態が良好であれば，休眠枝挿しは6月下旬でも可能である（表2-2）．

穂と穂との間隔は約5×5cmとし，垂直に挿す．それ以下の間隔では，多数の穂を挿すことができても発根率が劣る．挿す深さは，穂の最上部の葉芽が表面に出る程度から穂の長さの3分の2くらいまでとする（図2-47）．

図2-47 休眠枝挿しの場合，挿し穂の長さは10 cmくらいに揃える

5）水分管理―ミスト灌水―

挿し床は，ガラス室，網室あるいは繁殖箱内に設置し，ミスト灌水する．挿し床の水分条件の保持は必須である．ミスト灌水の場合，水は3～5分間に6～8秒，穂の上から霧状にかかるように調整するとよい．ミスト装置は，発根するまでは，毎日，10：00～17：00まで作動させ，発根後は11：00～16：00くらいまでとする．

光が発根に及ぼす影響は，遮光率が25～47％の範囲では少ないといわれる．しかし，発根後の成長は遮光によって劣るため，ミスト装置が設置され，灌水が十分できる条件が整っていれば遮光しなくてよい．

6）鉢上げ

鉢上げは根量を増やすために，発根がみられてから2カ月以上経過してから行う．鉢は3～4号の大きさで黒色のポリポットを使用し，鉢用土は，ピートモスを主体にして鹿沼土，赤玉土，バーミキュライト，もみがら，腐葉土などとの混合土が一般的である．鉢上げ後は，毎日，灌水する．施肥は鉢上げ2～3週間後に行う．緩効性のIB化成（N形態は尿素）を鉢内に4～6粒置く方法が簡便である．

冬期の管理は，最低気温がおよそ-10℃以下にならない所では特別な保護を必要とせず，そのまま戸外に置いてよい．最低気温がさらに低くなる所

で戸外におく場合は，鉢ごと，おがくずあるいは細かいチップで覆うとよい．
(2) 緑枝挿し

緑枝挿しは，春から伸長している新梢（春枝．1次伸長枝）に花芽が分化する前に採穂し，挿し木する方法である．ラビットアイおよびサザンハイブッシュの苗木養成は，ほとんどがこの方法によっている．また，ノーザンハイブッシュでも休眠枝挿しで発根の難しい'ハーバート'，'ブルークロップ'には緑枝挿しが勧められている（Pritts and Hancock eds. 1992）．

1) 採穂の時期

採穂の適期は，新梢伸長が止まってから1週間くらい経ち，先端の葉がほぼ完全に開き，幾分硬くなったころである．関東南部では，例年，6月下旬から7月上〜中旬である．

2) 採穂と挿し穂の調整

挿し穂は，旺盛な伸長をしている新梢の先端から6〜7葉着けて採る．切り取った穂は乾燥を防ぐため，あらかじめ準備しておいた水の入った容器に入れ，基部を水に浸す．

穂は，先端部の葉を3枚残し，下位部の葉を取り去る．穂の基部は良く切れるナイフで斜め45度くらいの角度に切る．

3) ミスト灌水

挿し床の用土は，休眠枝挿しと同じ種類のものでよい．

緑枝挿しでは，挿し穂からの蒸散を抑えるため，挿し床はほとんどがミスト室内に置かれる．ミストのノズルは，一般的に，120〜150 cm間隔で付けられている．噴霧時間はタイマーを使って日の出後にスイッチが入り日没後に切れるように設定し，挿し木後2〜3週間は5分間隔で，それ以降は15分間隔で5〜10秒間噴霧されるようにする．発根した後はミストの間隔時間を広げ，さらには3週間以上かけて硬化させる．

緑枝挿しでは遮光が必要である．プラスチックハウスの場合，屋根にペイントを吹き掛けたり，あるいは黒の寒冷紗を被覆して遮光している場合が一般的である．オースチン（Austin 1994）によると，ラビットアイの発根には遮光率63％が適している．

床土面に落ちた葉は，病気の伝染を防ぐためすぐに取り除く．緑枝挿しでは灰色カビ病，枝枯れ病，根腐れ病などが発生しやすい．

4）鉢上げ

挿し木後4〜7週間で発根する．発根後4〜6週間くらいおいてから鉢上げする場合と，挿し床（容器）のまま越冬させ，翌年の春に鉢上げする場合とがある．

鉢の大きさおよび用土は休眠枝挿しの場合と同じものでよく，また，鉢上げ後の灌水，施肥は休眠枝挿しに準じて行う．

2．その他の繁殖法

（1）接ぎ木

近年，日本では，接ぎ木による品種更新が普及しつつある．果実形質はよいが樹勢の弱い品種を穂とし，土壌適応性が広く樹勢の強いラビットアイを台木として接ぐものである．枝接ぎが一般的である（図2-48）．

枝接ぎは，穂（休眠枝）を，発芽から開花時期のころまでの間に，ほ場の台木に切り接ぎする方法である．穂木は，1〜2月に採取し，3月下旬まで5℃以下の温度で貯蔵しておく．

岩垣ら（1984）によると，穂の品種によって少し異なったが，接ぎ木樹は自根樹と比較して樹高が高くなり，果実収量が増加した．接ぎ木樹の果実品質は，糖度の差は両者間にほとんど認められなかったが，酸度は接ぎ木樹が自根樹よりも低い傾向にあった（表2-3）．

なお，接ぎ木による品種更新の場合，穂に用いる品種ごとの好適台木品種，穂の活着および成長，収量性および品質などが異なると考えられるが，これらの点についての研究はほとんど

図2-48　枝接ぎによる品種更新の例

表2-3 ラビットアイブルーベリー台に接いだハイブッシュブルーベリー果実の糖,酸の相違(岩垣・石川編著 1984)

ハイブッシュの品種	ウッダード台		ホームベル台		ティフブルー台		自根樹	
	糖度	酸度	糖度	酸度	糖度	酸度	糖度	酸度
ウェイマウス	11.30	8.80	10.30	11.35	10.20	9.48	11.39	11.43
デキシー	12.08	16.72	12.79	16.59	12.48	18.00	12.60	19.60
ハーバート	12.36	15.32	12.12	18.48	12.48	17.86	11.63	18.50

付記:1982年の調査結果.糖度は屈折計示度,酸度は果汁10 mlの中和に要したN/10 NaOH量.自根樹は7年生樹

みられない.

(2) 吸枝(サッカー)

発生程度はブルーベリーのタイプおよび品種によって異なるが,吸枝(Sucker,サッカー)を掘りとって苗木として養成できる.しかし,ハイブッシュの場合,吸枝の発生数が少ないため大量の苗木養成には向かない.

(3) 種子繁殖

種子繁殖(実生)苗は,樹姿や樹勢,果実の成熟期,大きさ,果色,風味などの特性が母樹と大きく異なるため,苗木養成には適さない.

(4) ミクロ繁殖

組織培養技術を応用したミクロ繁殖によるクローン苗が養成されている(Smagula 2006).しかし,今日のところ,一部の品種に限られている.

この方法は,次のような特徴を持っている.

①2~3の葉芽から増殖できるため多数の母樹を必要としない.

②新品種あるいは人気のある品種を,短期間で大量に増殖できる.

③無菌状態で育てられる.

④シーズンにかかわらず年間をとおして繁殖できる.

3.母樹園の設置

苗木生産を専門とする場合には,母樹園の設置が勧められる.母樹園の設置によって品種の混同を避け,病害虫の発見および防除対策が容易となっ

て健全な挿し穂を多量に揃えることができる．

　園内は品種ごとに区分し，樹間は1 m前後，樹列間は3.0 mくらいにして植え付ける．栽培管理の面では，勢力の旺盛なシュートを得るため，とくに施肥および灌水を適切に行い，病害虫防除に努める．

第4章　立 地 条 件

　ブルーベリー樹の経済樹齢は，およそ25～30年とされている．樹は一旦植え付けられると，同じ場所で，長年にわたって生育することになるため，生育に適した土地の選定は，品種選定とともに栽培者がなすべき最も重要な決定事項である．

　ブルーベリー樹の生育を左右する立地条件は，大きくは二つある．一つは気象条件で，とくに，気温，日光，降水量および無霜期間が重要である．もう一つは土壌条件で，主として，土性，通気性・通水性，有機物含量および土壌pHレベルが重要である．

1．気 象 条 件

　全国各地における栽培事例から，各種の気象要因と地域で栽培できるブルーベリーのタイプとの関係を知ることができる（表2-4）．
（1）年平均気温とブルーベリーのタイプ
1）ノーザンハイブッシュ

　このタイプは，休眠打破のために必要な低温要求量（時間）が多い．そのため，栽培適地は，12～2月までの期間，一定の低温時間を確保できる北海道中部から東北，関東，甲信越，北陸から中国山地，さらに九州の比較的冷涼な地域である．

　これらの地域内にある代表的な産地あるいは産地に近い都市の年平均気温は，札幌の8.5℃から福岡の16.6℃の間にある（表2-4）．
2）サザンハイブッシュ

　サザンハイブッシュはノーザンハイブッシュよりも低温要求量が少ない

ため，冬期が温暖な地域でも栽培できる．しかし，耐寒性が劣るため，栽培地域は東北南部から関東，東海，近畿，中国，四国および九州南部である．沖縄では試作されている．

3) ハーフハイハイブッシュ

このタイプは耐寒性が強く，樹高が低い．そのため，冬期の低温が厳しい地域，および積雪量が多い地域でも栽培できる．一方，気温に対する適応性が比較的あり，北海道北部から東北地方はもちろん，関東，近畿および中国地方でも栽培されている．

4) ラビットアイ

ラビットアイはサザンハイブッシュに次いで低温要求量が少なく，また，耐寒性も弱い．そのため，栽培適地は冬季が温暖な地方であり，東北中部から関東，北陸，東海，近畿，中国，四国および九州南部に及ぶ．代表的な産地に近い松山市の年平均気温は16.1℃である（表2-4）．

5) 四つのタイプの栽培地域

関東南部では，ノーザンハイブッシュ，サザンハイブッシュ，ハーフハイハイブッシュおよびラビットアイの，いわゆる栽培ブルーベリーの四つのタイプが，同一地域あるいは同一園内で栽培されている．このような栽培例はアメリカではノースカロライナ州およびアーカンソー州でみられ，両州はブルーベリー栽培の移行地帯（transition zone）と呼ばれている．

(2) 成長期の気温

1) 光合成に及ぼす気温の影響

気温の高低は，ブルーベリー葉の光合成速度に影響を及ぼす．デービスとフロア（Davies and Flore 1986）によると，ノーザンハイブッシュおよびラビットアイの葉の光合成速度は，温度を10℃（低い温度）から25〜30℃に高めると，温度に比例して増大した．

一方，日中温度が30℃以上の高温になると，光合成速度は低下するようである．ハンコックら（Hancock *et al.* 1992）によると，ノーザンハイブッシュおよびラビットアイの光合成に最適な温度範囲は，ともに，20〜25℃であった．温度を30℃に高めると光合成速度は低下し，とくに，ノーザン

第4章 立地条件

表2-4 日本の代表的なブルーベリー栽培地域にある都市(あるいは近い都市)の気象条件(国立天文台編 2003)
(成長期は4～10月、休眠期は11～3月までとした)

都市	主なブルーベリーのタイプ[1])	平均気温 (℃)			最寒月の日最低気温の平均 (℃)	最暖月の日最高気温の平均 (℃)	降水量 (mm)			果実の成熟期間中の日照時間 (h)			霜 (月/日)	無霜期間(成長期間)(日)
		年	成長期	休眠期			年	成長期	休眠期	6月	7月	8月	終霜～初霜	
札幌	NHb	8.5	15.2	-1.0	1月. -7.7	8月. 26.1	1,128	633	495	187.2	175.8	173.5	4/24～10/22	180
盛岡	NHb	10.0	16.5	1.0	1月. -5.9	8月. 28.1	1,256	912	344	151.7	143.2	158.8	5/4～10/18	166
宇都宮	NHb	13.4	19.3	5.0	1月. -3.5	8月. 30.1	1,445	1,197	248	111.9	120.4	149.3	4/27～10/28	184
東京	NHb, SHb, Rb	15.9	21.3	8.4	1月. 2.1	8月. 30.8	1,469	1,112	357	120.1	147.5	177.5	2/26～12/14	290
長野	NHb	11.7	18.3	2.3	1月. -4.3	8月. 30.5	905	682	223	158.6	172.0	196.0	4/28～10/26	181
金沢	NHb, Rb	14.3	20.2	6.3	2月. 0.6	8月. 30.4	2,473	1,316	1,157	158.2	166.3	214.1	4/5～11/30	239
名古屋	NHb, SHb, Rb	15.4	21.3	7.2	1月. 0.5	8月. 32.2	1,565	1,226	339	145.2	162.9	195.4	3/28～11/24	240
松江	NHb, SHb, Rb	14.6	20.2	6.8	2月. 0.8	8月. 30.8	1,803	1,138	665	160.1	180.1	202.5	4/12～11/21	222
広島	Rb, SHb	16.1	21.8	8.0	1月. 1.7	8月. 32.1	1,546	1,208	338	158.8	182.9	211.5	3/12～12/7	268
松山	Rb, SHb	16.1	21.5	8.4	2月. 1.9	8月. 31.6	1,300	994	306	153.1	193.5	213.1	3/29～11/29	244
福岡	NHb, SHb, Rb	16.6	21.9	9.1	1月. 3.2	8月. 31.6	1,633	1,246	387	149.6	182.7	199.3	3/13～12/8	272
鹿児島	Rb, SHb	18.3	23.3	11.1	1月. 4.1	8月. 32.0	2,280	1,773	507	122.4	191.1	206.7	3/6～12/4	272

[1]) NHb:ノーザンハイブッシュ、SHb:サザンハイブッシュ、Rb:ラビットアイ

ハイブッシュでは47％も低下した．また，スパンら（Spann et al. 2004）は，サザンハイブッシュの場合，温度を21℃から28℃に上げると，光合成速度は $11.0\ \mu mol\ m^{-2}s^{-1}$ ～ $6.1\ \mu mol\ m^{-2}s^{-1}$ に下ったことを報じている．

2）結実および果実の成長に及ぼす気温の影響

　果実の成長，糖および有機酸含量が，成長期の気温によって左右されることは経験上知られている．一般的に，適度の高温は果実の成長を促進して成熟を早めるが，低温は果実の成長および成熟を遅らせる．

　ウィリアムソンら（Williamsom et al. 1995）によると，成長期における高い夜温は，結実および果実の成長に影響するようである．ラビットアイを高い夜温21℃（日中温度26℃）で育てたところ，低い夜温10℃（日中温度26℃，29℃）の場合と比較して結果率が低下し，果実は小さく，果実の成長期間が短かった（表2-5）．しかし，高い夜温の影響については考察が加えられていない．

3）花芽分化に及ぼす気温の影響

　夏期から秋期の始めにかけての高い気温は，新梢伸長の停止期および花芽分化の時期を遅らせる．スパンら（Spann et al. 2004）によると，サザンハイブッシュを28℃で育てたところ，21℃で育てた場合と比較して，花芽分化数が少なく，分化後の花芽の発育が不良であり，さらには花芽が脱落するものもあった．

表2-5　ラビットアイブルーベリー'ベッキーブルー'の結果および果実の成長に及ぼす日中/夜間温度の影響（Williamson et al. 1995）

日中温度/夜間温度（℃）	結果（％）	平均果実重 新鮮重（g）	果実の成長期間（日）
26/21	63.9 b[1]	1.5 b	85 b
26/10	83.2 a	1.7 a	88 ab
29/10	71.4 ab	1.4 b	90 a

[1] 異なる英小文字間に0.05％の水準で有意差がある

(3) 休眠期の気温
1) 低温要求量
　ブルーベリーの花芽や葉芽が休眠覚醒するためには，休眠期間中に，一定の低温に（一般的に，1〜7.2℃の低温），一定時間遭遇する必要がある．
a. 低温要求量とブルーベリーのタイプ
　低温要求量はブルーベリーのタイプによって異なり，ノーザンハイブッシュがおよそ800〜1,500時間，ラビットアイおよびサザンハイブッシュが，それぞれ300〜600時間と200〜600時間である（Darnell 2006）．ハーフハイハイブッシュについては明らかでない．
b. 有効な低温の範囲
　休眠を満たすために有効な低温は，一般的に，1〜7.2℃の範囲にあるとされている．しかし，0.5℃で一定の低温が最も効果的であったという報告や12℃でも低温要求を満たすという報告もある（Norvel and Moore 1982）．これらの結果は，ブルーベリー樹の低温感応には，相当程度の幅があることを示唆している．
　休眠期間中における温度変化，とくに日中の暖かい温度は，低温時間の積算にマイナスに作用する．ラビットアイの'ティフブルー'を用いた実験によると，1日のうち7℃の低温で14時間処理後，温度を高めて18℃で10時間処理したところ，低温処理の効果が減少した（Spiers 1976）．しかし，他の報告によると，7℃で16時間処理後，15℃で8時間処理に移行した場合には，低温の効果は減少しなかった（Gilreath and Buchanan 1981）．これらの結果は，休眠を満たし覚醒するためには，一定時間以上の低温を継続する必要があることを示している．
2) 耐寒性
　冬期の低温は芽の休眠覚醒のために必要であるが，さらに厳しい低温は芽や枝に障害をもたらす．
a. ブルーベリーのタイプと耐寒性
　耐寒性はノーザンハイブッシュおよびハーフハイハイブッシュが強く，サザンハイブッシュおよびラビットアイが弱い．

わが国での観察によれば，北海道の中央部地域では，ノーザンハイブッシュでも，冬の厳寒期，積雪上に出ていた花芽および葉芽が凍害を受け，収量が不安定であることが報じられている（中島1984）．また，耐寒性が弱いラビットアイは，長野県や群馬県内の高冷地（-12～-10℃）では，シュートが凍害を受けて枯死し，樹体の維持が困難であったことが報じられている（小池 1984：中条 1984）．

b. 芽の種類と耐寒性

耐寒性は芽の種類によっても異なり，一般的に，葉芽は花芽よりも強い．ビッテンベンダーとハウエル（Bittenbender and Howell 1976）の報告によると，ノーザンハイブッシュの花芽は-29℃で，葉芽は-34℃で枯死した．また，同一時期の花芽についてみると，枝の基部に近い花芽は発育が遅いため，枝の先端にあって発育の早いものよりも耐寒性が強かった．

c. 低温順化と耐寒性

耐寒性の強弱は樹体および枝の低温順化の程度にもよる．クアメら（Quamme *et al*. 1972）によると，ノーザンハイブッシュの'アーリーブルー'および'ランコカス'の主軸枝は，年内では-20℃で樹皮が障害を受け，-35℃になると木部組織が凍結した．しかし，休眠が深まって低温に順化した翌年には樹皮および木部組織はともに-40℃でも障害を受けなかった．また，旧枝の耐寒性は2～5年生枝の主軸枝よりも弱く，'ペンバートン'と'スタンレー'の旧枝は-35℃で無障害であったが，-40℃では枯死した．

3）休眠覚醒後の気温の影響

休眠覚醒後に気温が高く推移すると，低温で推移した場合に比べて開花が早まり，開花期間が短くなることは経験上知られている．ナイトとスコット（Knight and Scott 1964）によると，休眠覚醒後16～27℃で育てたノーザンハイブッシュは結果率が高まり，果実が大きくなって果実の成長期間が短かくなった．

(4) 日光

ブルーベリー葉の純光合成速度（net leaf photosynthetic rate）はタイプによって異なり，ノーザンハイブッシュおよびサザンハイブッシュは，平均

で，9～12 μmol m^{-2}s^{-1}であった．しかし，ラビットアイは，平均で5～8 μmol m^{-2}s^{-1}であり，ノーザンハイブッシュよりも劣った（図2-49）．(Darnell 2006; Spann *et al.* 2004; Teramura *et al.* 1979).

図2-49に示したラビットアイの純光合成速度は，5年生樹の樹冠内部（日陰）における測定値である．

光強度（光量子密度）を高めると光合成速度は増大したが，500～900 μmol m^{-2}s^{-1}で光飽和に達した．しかし，この光強度は，全太陽光の50％以下であった．

(5) 月別降水量

降水は果樹の成長に必要な土壌水分の第一の供給源である．ブルーベリー成木樹の成長および果実の成長のために望ましい水量は，土壌条件および樹齢などによって異なるが，1週間におよそ25～50 mmとされている．この量を成長期1週間の蒸発散量とすると，4～10月の成長期間における合計は700～1,400 mmとなり，多くの地域では自然の降水で十分な量である（表2-4）．しかし，わが国の降水分量分布には偏りがあり，梅雨明けの乾燥時期などには潅水を必要とする．

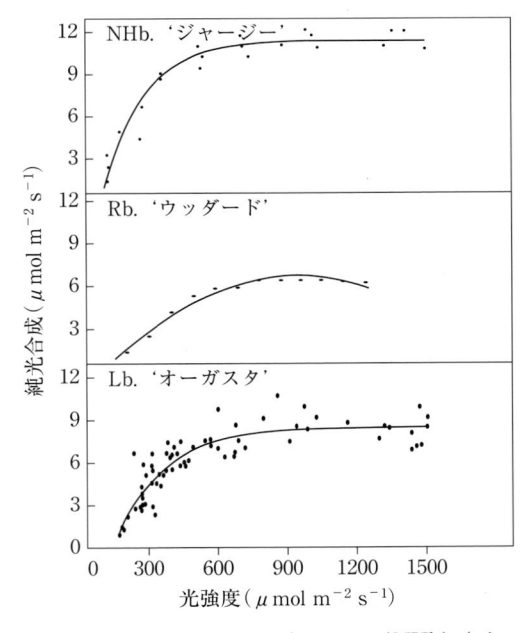

図2-49 ノーザンハイブッシュ（NHb）'ジャージー'，ラビットアイ（Rb）'ウッダード'およびローブッシュ（Lb）'オーガスタ'葉の純光合成におよぼす光強度（光合成有効光量粒子束密度）の影響 （Darnell 2006）

(6) 無霜期間

　終霜から初霜までの無霜期間は成長可能日数と呼ばれ，ブルーベリー栽培では重視されている．この成長可能日数は，開花から成熟までの果実の成長期間が短いノーザンハイブッシュで最低160日以上，成長期間が長いラビットアイで200日以上が必要である（Eck 1986）．

　南北に長い日本列島では，成長可能日数は北の地方が短く，南の地方が長い．たとえば，盛岡市の成長可能日数は166日であるが，鹿児島市では272日である（表2-4）．

2．土壌条件

　各種の土壌要因のうち，土性，通気性・通水性，有機物含量および土壌pHはそれぞれ単一で，あるいは複合して樹の成長を大きく左右する．

　なお，この節で使用した土壌関係用語の意味は，主として，松坂・栗原監修（1993）の土壌・植物栄養・環境事典によった．

(1) 土性

　土性は，砂（粗砂・細砂），シルトおよび粘土の各部分の粒径組成で区分され，土壌の物理性と深く関係している（Himelrick and Galletta 1990）．すなわち，土壌の透水性，排水，通気，耕耘および根の伸長は，砂土（粘土5％以下，砂85％以上）で優れ，埴土（粘土含量が25〜45％）で劣り，逆に，保水性と陽イオン交換能は埴土で優れる（表2-6）．

　ブルーベリー樹の成長に好適な土性はタイプによって異なり，ノーザンハイブッシュでは壌砂土（シルト＋粘土15％以下，砂含量が85％以上）および砂壌土（粘土含量が15％以下，砂含量65〜85％）である．ラビットアイは土壌適応性が広いため，ノーザンハイブッシュと同じ土性，および粘土含量が多い埴壌土（粘土含量が15〜25％，砂含量が30-65％の土壌）でも成長が優れる（Eck 1986; Gough 1994）．すなわち，これらの土性の通気性・通水性および保水性は，ブルーベリー樹の成長に好適であることを示唆している．

表2-6 土性による土壌物理性および土壌化学性の相違
(Himelrick and Galletta 1990)

特性	土性区分			
	砂土 (Sand)	シルト (Silt)	埴土 (Clay)	壌土 (Loam)
透水性	良（早い）	中	劣（遅い）	中
保水性	劣（低い）	中	良（高い）	中
排水	優	良	劣	良
受食性	易	中	難	中
通気	優	良	劣	良
陽イオン交換	劣（低い）	中	良（高い）	中
耕耘（作業性）	良（容易）	中	劣（困難）	中
根の伸長	良	中	劣	中
春期の地温	上昇が早い	中	上昇が遅い	中

(2) 通気性・通水性

　通気性・通水性は排水性および保水性と密接に関係して根群の発達，および樹勢を左右する．

　一般に，通気性・通水性が問題となる土壌は排水が不良な所，地下水位が高い所および堪水状態の所である．

1）排水が不良な土地

　排水不良の原因は地形による場合，不透水性の土性および排水路の施設の不備による場合などである．このような条件の土壌は水田転換園や重粘な土地に多い．

　排水不良の原因によって，ブルーベリー栽培の可否や植え付けにあたっての土壌改良の程度が異なる．原因が地形による場合や排水路の施設の不備による場合には，明渠および暗渠を設置して排水を促し，通気性・通水性を改善すると栽培が可能となる．しかし，原因が不透水性の土壌の場合には，ブルーベリーの栽培は勧められない．

2）地下水位

　多くの土壌では作物根の活動に必要な空気率20％を確保するため，地表から地下水面まで30 cm以上，これに根域の必要な深さ20 cmを加えた50 cm程度が地下水位の上限とされる．それ以上に地下水位が高くなると根域土壌の空気が少なくなり，作物の生育を害するとされている．

したがって，ブルーベリー樹の生育に適した地下水位の上限は，地表下45～60 cmの所である．

3）湛水

排水不良の土地，あるいは地下水位が高い土地は，断続的な湛水状態になっている場合が多い．湛水状態は，土壌孔隙から土壌空気を追い出し，根の呼吸に必要な酸素が不足している状態となっている．

湛水状態になると土壌空気は短期間で減少する．クレインとデービス（Crane and Davies 1987）によれば，土壌酸素レベルは湛水後2日間で当初の20％から5％に減少する．また，湛水がブルーベリー樹の成長に及ぼす影響は，樹の成長段階で異なる．ラビットアイを供試して5～35日間の湛水処理をした実験（Crane and Davies 1988）によれば，処理樹は無処理樹と比較して新梢長，葉面積，花芽数，結実および果実収量の全てが減少する．時期別処理では，春期よりも夏期の湛水処理によって樹の成長が抑制され，また，枯死樹も多かったことが認められている．

湛水はブルーベリー葉の光合成速度にも影響する．デービスとフロア（Davies and Flore 1986）は，コンテナ栽培のノーザンハイブッシュを供試して，湛水処理が光合成速度に及ぼす影響を調査した．その結果，光合成速度は湛水後2日以内に無処理区の60％に低下し，湛水10～14日後には15％にまで低下したことを報じている．

(3) 土壌有機物

土壌中の有機物含量はブルーベリー樹の成長を左右する．ノーザンハイブッシュの成長は土壌有機物含量が3～15％の砂質土壌で優れるが（Eck 1988），ラビットアイでは有機物含量が5％を越えると成長が劣り，逆に，1％以下の無機質土壌でも旺盛な成長を示すことが知られている（Krewer and NeSmith 2002）．また，サザンハイブッシュの成長は有機物含量が3％以下の土壌で劣ることも報じられている．

(4) 土壌pH

ブルーベリーは代表的な好酸性植物である．成長に好適なpHレベルはハイブッシュがpH 4.3～4.8，ラビットアイがpH 4.3～5.3の範囲である．多

くの地域および園地では，植え付けに当たって適切な土壌pHに調整する必要がある．普通には，硫黄粉（華）を用いる．使用量は土の種類によって異なる．
(5) 総合すると有効土層の深い土壌

　有効土層とは，根が容易に伸長できる土層の深さである．すなわちブルーベリー栽培で有効土層が深い土壌とは，地表から地表下45〜60 cmの所まで，ブルーベリー樹の成長に好適な土性，通気性・通水性，保水性，土壌有機物および土壌pHなどの要因が全て揃った土壌である．しかし，このような好条件の土壌は，実際にきわめて少ない．

第5章　開園準備および植え付け

　ブルーベリーは好酸性植物で，前述のような諸特性を持っている．したがって栽培開始に先立ち，園地全体あるいは植え穴を酸性で，通気性・通水性および保水性の均衡が良く，有効土層が45〜60 cmある状態に改良する，いわゆる開園準備が不可欠である．

　また，苗木の活着と幼木樹の成長を促すためには，植え付け方法および植え付け後1〜2年間の諸管理が重要である．

1．園地の諸準備

　開園に当たって準備しておくべき事項には，植え付け以降における改良が困難なものが多い．諸準備は，植え付け1年前から半年前までに終了していることが望ましい（Himlerick and Galletta 1990）．
(1) 園地の平地化

　園地は平地か，あるいはゆるやかな傾斜地にする．そうすることによって排水性が良好になり，また，灌水や有機物マルチの効果が高まる．急傾斜地では，風雨によって土壌やマルチ資材の流亡が多くなり，根が露出する危険性が高い．

　整地する場合，最良の表層土壌が低地点を埋めるために削りとられないよ

うに注意する．
(2) 多年生雑草の防除

多年生雑草は地中の根茎から伸長するため，植え付け以降に完全に除去することが難しい．とくに，休耕して数年が経ち，ヨシ，ススキ，セイタカアワダチソウなどが旺盛に繁茂している荒れ地では，抜根作業を繰り返し行い，根茎が地中に残らないようにしておく．

(3) 有機物の補給および被覆作物の栽培

有機物含量が少ない開墾地や休耕地の場合（水田転換園と重粘な土地を除いて），有機物の補給に加え，雑草防除，さらには土壌ち密度を改善するため，1年前から半年前までに堆肥を10 a当たり2～3 t施用し，プラウ耕およびハロー耕をしておく．また，前年の秋に小麦，燕麦などのイネ科作物，ソバ（蕎麦）などを播種し，中耕して土壌にすき込むのもよい．

既耕地であっても有機物含量が3～5％以下の場合，とくにノーザンハイブッシュおよびサザンハイブッシュでは，植え付け前にピートモス，完熟したおがくず堆肥，バーク堆肥などを補給しておく．

(4) 土壌pHの調整

ブルーベリー樹の成長は，土壌pHが4.3～5.3の範囲で優れる．土壌pHがこの範囲を越えて高い場合には，少なくとも植え付け6カ月前には硫黄華を園全面に散布しておくことが望ましい．

pH調整に必要な硫黄華の量は，土壌の種類によって異なるので表2-7を参考に散布量を決める．

表2-7 望ましい土壌pH（pH 4.5）に低下させるために必要な硫黄華量（Strik eds. 1993）（10アール当たりのkg）

現在の土壌 pH	土壌のタイプ		
	砂土 (Sand)	壌土 (Loam)	埴土 (Clay)
4.5	0	0	0
5.0	20	60	91
5.5	40	119	181
6.0	60	175	262
6.5	75	230	344

2. 植え穴の準備

　植え付け予定地は，一般に普通畑，樹園地，水田転換園，開墾地のいずれかである．

　全国各地の栽培成功事例をみると，普通畑の場合は植え穴を大きく掘り，掘り上げた土に大量の有機物を混合して埋め戻す，いわゆる植え穴の土壌を改良して植え付けている．

　一方，水田転換園および開墾地では，普通畑と同様な方法で植え付けた場合，幼木期の成長は比較的良好であっても，果実を着ける成木期に入ると成長が急激に不良になった園地が各地にみられる（玉田 1997, 2003）．

　植え穴の準備はどのような種類の土壌でも植え付け1カ月前には終了しておくことが望ましい．植え穴に化学肥料は施さない．

(1) 普通畑および樹園地

　砂壌土および黒ボク土の普通畑および樹園地に植え付ける場合，植え穴の大きさは，深さが40〜50 cm，幅が60〜70 cmくらいが一般的である．その穴に掘り上げた土，穴の周囲から集めた土，ピートモス30〜50 l，もみがら50〜70 lをよく混和して埋め戻し，20 cm以上の高畝にする．

　有効土層が深い黒ボク土では，機械を使った耕耘・高畝法が試みられている．まず，畑全面を30 cmの深さまで耕耘する．次に，樹列を決め樹列の中心から左右50〜60 cmの幅に，1樹当たりピートモスを約50 l，もみがら50〜70 lを帯状に撒き，樹列間の土を寄せ，樹列を再び深耕して土と混和し，20 cmくらいの高畝にしてから植え付ける．

　高畝にすることによって土の通気性・通水性がよくなり，また樹が沈下しても根の分布域が過湿になることを防止できる．

(2) 開墾地および水田転換園

　土壌がち密で，通水性・通気性が不良な重粘土壌，開墾地，水田転換園に植え付ける場合には，大がかりな土壌改良が必要である（図2-50, 51）．

　水田転換における植え付けの一例を挙げる．まず始めに園の周囲に排水溝を設け，硬盤層（すき床層）を破砕し，暗渠を設ける．次に，砂質性の

figure 2-50 粘質な土壌では，植え穴を掘って改良した部分にしか根が伸長していない

図2-51 水田転換園の例：土壌ち密度が高く，通気性・通水性が不良なため，樹の成長が非常に悪い

山土を厚さ50〜60 cm客土し，小麦，燕麦やソバなどを播種し（地域および時期によって植え付け可能なものを選ぶ），中耕して土壌にすき込み，土壌有機物含量を高めておく．これらの作業は，植え付け半年前には終了しておくことが望ましい．植え付けにあたっては樹列を決め，一定間隔のもとに深さが40〜50 cm，幅が60〜70 cmくらいの植え穴を掘り，1穴にピートモス約50〜70 l と，もみがら約100 l とを掘り上げた土と混合して埋め戻し，20 cmくらいの高畝にしてから植え付ける．

このように改良して植え付けた場合，普通畑の場合と比較してラビットアイの成長は良好であった．しかし，ノーザンハイブッシュの成長は品種間の差異が認められ，また全体の成長はラビットアイよりも劣った．

3. 植え付け

園地の準備および植え穴の準備が整い，いよいよ植え付けである．市販の苗木は，挿し木後1年間養成した2年生の鉢植えで，樹高が30〜50 cm前後のものが一般的である．

苗木の段階で問題となる菌類による病気やウイルス病はない．

(1) 混植

　苗木は，同一タイプ内で品種別に2～3列ごとに交互に植え付ける，いわゆる混植が望ましい．とくに，自家不和合性の強いラビットアイおよびサザンハイブッシュでは必ず混植する．サザンハイブッシュは，ラビットアイの花粉によっても結果することが報じられている（Williamson and Lyrerne 1995）．ノーザンハイブッシュは自家受粉で結実するが，他家受粉によって自家受粉によるよりも結果率が高まり，果実が大きくなるため，混植が勧められる（Eck 1988）．混植にあたって品種の組合わせ上の問題は報告されていない．

　成熟期の早晩から混植すると，収穫作業を始め，施肥や灌水などの作業が分散して，労働力の有効活用ができる．

(2) 植え付け時期

　植え付けの適期は休眠期であり，秋植えと春植えとがあるが，どちらがよいかは冬期における気温および土壌温度による．

　ブルーベリーの根は地上部に比べて寒さに弱く，-10℃くらいの低温に遭うと枯死する恐れがある．そのため，冬期が比較的温暖な地方では紅葉期から落葉期の初期に植え付ける秋植えがよく，土壌に早くなじみ，翌春の成長が早く始まる．これに対して，冬期に土壌が凍結するような寒冷地，積雪の多い地方，および乾燥しやすい所では春植えが適している．

　関東中部では，3月上旬～下旬に植え付ける春植えが一般的である．

(3) 植え付け距離

　まず，樹列を決める基本線を，道路側かフェンス側，あるいは傾斜にそって引く．その基本線に対して平行の線と直角の線が交差した点が植え穴の位置となる．植え付け距離は，成木樹の樹形の大小から決める．ノーザンハイブッシュでは1.5～2.0×3.0 m，ラビットアイは2.0～2.5×3.0 mが一般的である．樹型が小さいサザンハイブッシュおよ

表2-8 ブルーベリーの植え付け距離と10 a当たりの樹数

樹間 (m)	樹列 (m)		
	2.0	2.5	3.0
1.0	500	400	333
1.2	417	340	289
1.5	325	260	221
2.0	250	200	170
2.5	200	160	136
3.0	175	140	119

びハーフハイハイブッシュは1.0～1.5×2.0～2.5 mくらいとする（表2-8）．

(4) 植え付け直後の管理

1) 支柱

苗には竹やパイプなどの支柱を添えて風揺れを防ぎ，また，植え付け後に伸長してくる新梢を結え付けて折損を防ぐ．

2) 灌水および有機物マルチ

植え付け直後は，土壌の乾燥を防ぎ，根の活着を促すために，とくに灌水が重要である．灌水は1樹当たり1日約2 l くらいとし，最長でも5日おきに行う（この場合，灌水量は10 l となる）．

また，土壌の乾燥を抑え，地温の急激な変化を少なくし，雑草の繁茂を防ぐためにバーク，おがくず，木材チップ，もみがらなどを単一で，あるいは複数組み合わせて10～15 cmの厚さにマルチする．全面施用が難しい場合には株元から半径50 cmの範囲内だけでもよい．

3) 摘花および小枝の切除

新梢伸長を促進させるため，花芽（房）は全て摘み取り，弱々しい小枝は切除する．また，根量に比較して枝が多すぎる場合（たとえば，4～5号鉢で枝が70～100 cmも伸長している苗）には，中心になっている太い枝を30～40 cmくらいの高さに切り詰める．

4．植え付け後1～2年間の管理

(1) 灌水

灌水は，植え付け後に行う管理のうちで最も重要である．植え付け後1～2年間にみられる幼木の成長不良は，多くは水分不足による場合が多い．

成長期間中の灌水量は，1樹，1日当たり2～3 l を目安とする．灌水の間隔は長くても5日くらいにする（その場合，1回の灌水量は10～15 l となる）．しかし，自然の降水量が十分あった場合には灌水（回数および量）は控える．休眠期間中にも土壌の乾燥はあるが，その時期の灌水は，一般的に，行わなくてもよい．

(2) 有機物マルチの補給と雑草防除

　植え付け時に十分量の有機物マルチができなかった場合には，植え付け1年目の秋期か2年目の春期に補給して根群の露出および土壌の乾燥を防ぎ，雑草の繁茂を抑える．

　マルチの種類および施用量は植え付け時に準ずる．

(3) 施肥

　植え付け1年目の施肥は春植えの場合，植え付け6週間後と12週間後の2回行なう．植え付け2年目は萌芽時期（関東南部では3月下旬ころ）に元肥（春肥），その後は6〜7週おきに2回施肥する．

　肥料の種類は，8-8-8の普通化成肥料（N形態はNH_4-Nであること）でよく，1，2年目ともに，1回には1樹に30 gくらい施す．

　幼木の根群は浅いため，肥料の濃度障害を受けやすい．施肥位置は株元から半径20〜30 cmの所とし，輪状に平均的に施す．

(4) 害虫防除および野兎対策

　植え付け後，ケムシ類やミノムシなどの寄生がみられる．1週間に1〜2度，園を見回って樹の成長状態を観察しながら病害虫の発見に努め，見つけ次第捕殺する．

　野兎による枝の食害も多い．被害枝は冬期に前年に伸長した旺盛な枝（太さが5〜10 mmほど）が地上部30 cmくらいのところで斜めに切断されているのが特徴である．枝齢が2〜3年以上経つと，ほとんど被害を受けない．

(5) 主軸枝の確保

　植え付け後2年間は花芽は摘んで結実させず，新梢伸長を促進させて樹冠の拡大をはかることが望ましい．結実させた場合には，3年目から4年目にかけての新梢伸長は目に見えて劣る．

　株元から発生している数本の強いシュートは，将来の主軸枝にするため支柱を添えて折損を防ぎ，大切に育てることがとくに重要である．

第6章　土壌管理および灌水

　ブルーベリーの根は浅根性のため，その根群は大部分が土壌水分と地温の変化が激しい土壌の上層部に分布している．そこで根の健全な生育を促すために土壌の乾燥を防止し，地温の急激な変化を少なくできる土壌表面の管理が必要である．

　土壌表面の管理，いわゆる土壌管理法は有機物マルチによる被覆法が一般的である．さらに，土壌水分を補うために灌水が重要である．

1．土壌管理

(1) 根の分布

　ブルーベリーの根の分布は浅い（図2-52）．石川（1982）によると，火山灰土壌に植え付けたノーザンハイブッシュ'ジャージー'成木樹の根は，表層のマルチ層と地表下20 cmまでに根量全体の95％が分布し（表2-9），20～40 cmの土層での分布はわずか5％であった．水平分布では株元から60 cm以上離れると認められなかった．

(2) 根の伸長

　根の伸長は，地温と密接に関係している．アボットとガフ（Abbott and Gough 1987）によると，ノーザンハイブッシュの根は，地温が14～18℃の範囲で最も活発に伸長する（図2-53）．根の伸長パターンは，6月初旬と9月に山があり，9月には最大の伸長量を示している．早春，地温が7℃では根の伸長がほとんどみ

図2-52　ブルーベリーの根群分布は浅くて狭い

第6章 土壌管理および灌水

表2-9 関東火山灰土壌におけるノーザンハイブッシュブルーベリー'ジャージー'の根群分布（%）（生体重について）（石川 1982）

深さ（cm）	根元からの水平距離（cm）					計
	0〜20	20〜40	40〜60	60〜80	80〜100	
マルチ 0〜20	17.9	34.0	21.6	10.7	10.2	94.5
20〜40	4.9	0.4	T	T	0.1	5.4
40〜60	T	-	-	-	-	-
60〜80	-	-	-	-	-	-
80〜100	-	-	-	-	-	-
計	22.8	34.4	21.6	10.7	10.3	100.0

付記：深さ．水平距離：半円内について
T：根の痕跡
土壌：黒ボク60 cm
樹齢：20年生

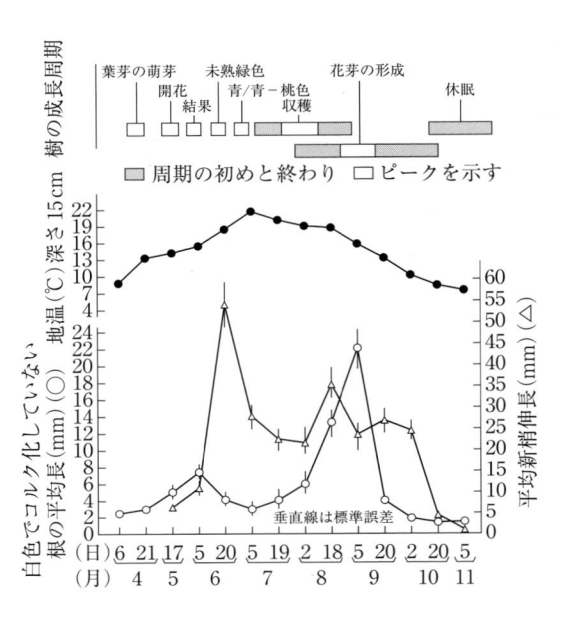

図2-53 ノーザンハイブッシュの根の成長周期（Abbott and Gough 1987）

られない．8〜16℃では地温の上昇に合わせてその伸長が盛んになった．一方，地温が20℃を越えると伸長が鈍り，秋期になって地温が低下し始めると再び旺盛になることが認められている．

根の伸長が夏期に停滞した原因について，ガフ（Gough 1994）は，土壌水分の不足によるものと推察し，葉が水分ストレスを受けると光合成活動やホルモンの活性が低下して根の活力が弱まると報じている．また，土壌の乾燥によって根の先端部がコルク化し，養分の吸収力が低下することも認めている．

スパイアーズ（Spiers 1995）によると，サザンハイブッシュの'マグノリア'および'ガルフコースト'の成長は，地上部および地下部ともに，地温が16℃の場合に最も優れ，27℃で劣り，38℃で最も劣っていた．

(3) 土壌管理法

ブルーベリー栽培では土壌表面の管理，いわゆる土壌管理法は，園地全体あるいは樹の周囲を有機物で被覆する，有機物マルチ法が最も一般的である（Gough 1994 ; Pritts and Hancock eds. 1992）.

1) 清耕法

清耕法は，地表面が裸地の状態のため，根は土壌の乾燥および地温の急激な変化にさらされる．また，強雨や強風による土壌浸食とそれに伴う根群の露出などによって根群域がさらに浅くなるため，清耕法はブルーベリー栽培では勧められない．

2) 有機物マルチ法

この方法は，地表面を有機物で被覆するものである．有機物マルチによって，土壌浸食の防止，土壌水分の蒸発防止，地温の急激な変化防止，雑草防除など，根の健全な成長のために高い効果が得られるので，ブルーベリー栽培に最も適した方法である．一方，春先の地温上昇抑制による初期成長の遅れや成熟の遅延などがみられる．

マルチ材には肥料成分が少なく，分解が遅いものがよい．バーク，木材チップ，おがくず，もみがら，落ち葉などが適している．稲わらや肥料分の多い堆肥は，土壌中の硝酸態窒素濃度を高め，一方，ブルーベリー樹の成

長に好適なアンモニア態窒素濃度を低下させるため，マルチ材としては適切ではない．マルチの効果を持続させるためには，10〜15 cm の厚さに保持することが望ましい．毎年の減耗分は秋の紅葉時から落葉期の初期までに追加する．追加の目安は，1年に2.5 cmくらいである．

3）全面草生法

全面草生法は，ブルーベリー栽培では勧められない．ブルーベリーと牧草あるいは雑草の根群域がほとんど同じ深さであるため，養水分の競合関係が生ずるからである．

4）折衷法

折衷法には二つある．その一つは有機物マルチと草生（牧草）との組合せである．樹冠下は有機物マルチあるいは刈草をもって覆い，樹列間を草生にして土壌流亡および浸食の防止をはかるものである．マルチ資材の入手が困難な場合に取り入れやすい（図2-54）．

もう一つは，ポリフィルムマルチと草生の組み合わせで，樹冠下は樹列にそって白黒ポリフィルムでマルチし，樹列間を草生にするものである（図2-55）．

草生に牧草を用いる場合，草種は雑草との競合に強く，機械や人間の通行に抵抗性のあるも

図2-54 樹冠下には木材チップをマルチし，樹列間は草生管理の園

図2-55 樹冠下には列にそって黒ポリフィルムマルチ，樹列間は雑草草生で管理している園

のが望ましい．普通，イネ科牧草のライグラスやブルーグラスが勧められる．草は，旺盛な繁茂を抑えるため成長期に4～5回刈り取り，刈り取った草は樹の周囲に寄せてマルチにする．

(4) 有機物マルチの効果

有機物マルチは地温の急激な変化を抑え，土壌水分および土壌空気含量を良好に保持する．

シュタックとクリストファ（Shutak and Christopher 1952）によると，春期の地温の上昇は，おがくず区が清耕区よりも遅れるが，秋期の地温はおがくず区で高かった．また，有機物マルチが盛夏における地温の上昇を抑えた．一方，土壌水分および土壌空気含量はおがくず区で多く，清耕区で少なかった．

クラークとモアー（Clark and Moore 1991）は，サザンハイブッシュ樹の成長，果実収量および果実重は，マルチ区（松材のおがくずと同チップの混合）が無マルチよりも優れていたことを報じている（表2-10）．

表2-10 サザンハイブッシュブルーベリーの果実収量，一果重，および樹体容積に及ぼすマルチの影響—年別平均—（Clark and Moore 1991）

年（樹齢）[1]	マルチ[2]	果実収量（g/樹）	一果重（g）	樹体容積（m^3）
1987（3）	有	710	1.58	0.74
	無	191	1.13	0.15
1988（4）	有	2,860	1.21	0.86
	無	151	1.21	0.18
1989（5）	有	1,060	1.76	1.29
	無	150	1.90	0.27
LSD（0.05）		765	0.35	0.46

[1] 4品種，'ブルーリッジ' 'ケープフェア' 'ジョージアジェム' 'オニール' の平均
1985年，植え穴に4Lのピートモスを混合し，2年生苗を植え付けた．必要に応じて灌水した．1985～86年は花芽は除去して結実させなかった
[2] マルチの種類
　　有；松材（パイン）おがくずと同チップの混合
　　　　厚さ15 cm，幅1.2 mにマルチ
　　無；無マルチ

(5) 雑草防除

　一般的に雑草は土壌有機物の増加，土壌の団粒化，土壌浸食の防止などの効果を持っている．しかし，根群の浅いブルーベリーでは，雑草と養水分の競合がおこり問題となる．そのため，少なくとも樹冠下の範囲は，雑草が繁茂しないように管理する．株元まで雑草を生やした管理を続けると，樹の成長は悪くなってくる（図2-56）．

図2-56 雑草が株元まで繁茂していると，樹の成長は非常に悪くなる

1）雑草の種類

　果樹園雑草は，一般的に，1年生と多年生に分けられる．1年生雑草の種類は全国的に多く，多年生雑草の種類は寒冷地および温暖地によっても異なる．

　雑草の種類は多いが，普通にみられるものはツユクサ，メヒシバ，ヨメナ，ヨモギ，スイバ，ドクダミ，スギナ，ヒルガオ，カタバミ，チガヤ，ネザサなどである（伊藤 1993）．

　雑草は，土壌pHによっても分類される．ブルーベリーと同様に酸性土壌を好むものには，スギナ，スズメノテッポウ，タネツケバナ，ハナタデ，コゴメカヤツリ，スベリヒユ，チョウジタデなどがある．

2）雑草防除

　雑草防除は耕種的方法を基本とし，除草剤の使用はできるだけ控える．有機物マルチを厚さ10〜15 cmに施して雑草の繁茂を抑え，伸長している雑草は，マルチ層を軽く中耕して除去する方法が勧められる．

(6) 下層土の改良

　ブルーベリー園の土壌は，栽培年月の経過とともに物理性が不良になる．植え付け後7〜8年経つと樹勢が落ち着き，収量が安定してくる．そのころ，新梢伸長が悪くなり収量が落ち込むような園地では，下層土が固くなり，通

気性・通水性が不良になり，根群が密になっている場合が多い．

　下層土の物理性は部分深耕によって改良できる．成木樹の場合，樹冠下の外側の範囲を樹列にそって，幅が30 cm，深さが40～50 cmくらいの溝を掘り，あるいは長さが70～80 cmの穴を掘り，その溝（穴）にマルチしてある有機物や新しくピートモスを30 lくらい混合して埋め戻す方法がよい．1年目は樹列の片面のみ深耕し，2年目は反対側の樹列とする．

２．灌　水

　土壌が乾燥して水分が不足すると，根の吸水が困難になり，樹の成長が不良となる．灌水がとくに必要な時期は，例年，梅雨明け後（関東地方）の7月下旬ころから8月下旬ころまでである．その時期は，ハイブッシュの晩生品種およびラビットアイの多くの品種が成熟期であり，また，花芽が分化する時期でもある．したがって，土壌乾燥はその年の果実品質および収量に直接的に影響するのみでなく，翌年，開花・結実する花芽の分化および発育にも影響する．

（1）灌水量の基準

　灌水量は，ブルーベリー樹および土壌からの蒸発散量を基準にしている．プリッツとハンコック（Pritts and Hancock eds. 1992）によると，旺盛に成長しているノーザンハイブッシュ成木樹の蒸発散量は，夏期には1日当たり6.4 mmである（5日では32 mm，7日では約45 mm）．彼らは，この量を灌水の基準とし，望ましい灌水量を挙げている．それによると，1日・1樹当たりの灌水量は，苗木の植え付け後1～2年間は1日，2～3 l（5日間隔では10～15 l），3～6年生樹では約4～5 l（5日間隔では20～25 l），7～8年生以上の成木ではおおよそ9 l（5日間隔では45 l）である．

　灌水の間隔は，5日間隔くらいが適切である．デービスとジョンソン（Davies and Johnson 1982）によると，中位の水分ストレス区（約7日間隔で灌水）および強い水分ストレス区（約10日間隔で灌水）では，対照区（土壌水分を容水量の状態に保持するように2日に1回，たっぷりと灌水）と比較して，葉が小さくなり，葉，枝，根の乾燥重は対照区の3分の2～3分の

1に低下した．この結果は，灌水間隔が7日以上では，間隔が長すぎて水分ストレスが強くなっていることを示している．

一方，灌水のやり過ぎ（量および回数）は土壌の過湿を引き起こして，根腐れ病の発生，養分の溶脱，根群が浅くなるなど，樹の成長と土壌の性質に悪影響をもたらす．また，自然の降水量が望ましい灌水量よりも多い期間には，灌水の必要はない．

(2) 灌水方法

灌水方法にはいろいろあるが，スプリンクラー方式（散水式）とトリクル方式（ドリップ灌水）が効率的である．どちらを選ぶかは栽培面積および水源の確保（園の近くに川，池，沼や泉などがあるか）によっている．

1) スプリンクラー方式

この方式は，パイプやノズルなどの施設費が高くつくが，どのような地形でも設置できるのが特徴である．また，この方式では土壌構造の破壊や肥料分の溶脱が少なく，寒害や凍害，塩害の防止に役立つ．しかし，灌水量の15〜20％が蒸発によって直接消失するのが短所である．

2) トリクル方式

トリクル方式には，多孔パイプ式とドリップ灌水式がある．両者とも，ホースまたはチューブにノズル，極細のビニール・チューブ（径0.5〜1.0 mm）を取り付けて比較的低圧で徐々に灌水する方法である．

この方式の特徴は，灌水許容面積が広くて灌水むらが少なく，また，**樹体に直接水がかからず病害の発生が少ない**ことなどである．1日当たりの灌水量は，樹列30 m（2.0 m間隔の植え付けで15樹）当たり，若木では75 l（1樹に対して1日に約5 l），成木では130 l（1樹に対して8.6 l）くらいにする（Pritts and Hancock eds. 1992）．

3) その他の方法

水源からホースで1樹ずつに灌水する方法も多く行われている．この方法は，樹齢，および当年の成長周期に応じて灌水量を調節できるのが特徴である．若木に対する灌水量の目安は，5日間隔で1樹あたり20〜25 l，成木で45 lくらいとし，樹冠下に平均的に散水する．

(3) 灌水の効果

　灌水の有無および灌水量の多少は樹の生長，果実収量に大きく影響する．スパイアーズ（Spiers 1983, 1996）は，灌水区と比較して無灌水区の場合は，樹勢が著しく不良となり，葉にはクロロシス症状が発現し，樹高が劣り，果実収量が極度に少なくなったことを報告している（表2-11）．また，

表2-11　灌水がラビットアイブルーベリー'ティフブルー'の樹勢，葉の症状，樹高および果実収量に及ぼす影響（Spiers 1983）

処理	樹勢[1]		クロロシス（葉の症状）[2]		樹高（cm）	果実収量（g/樹）	
年	1981〜82		1979〜80	1981〜82	1982	1981	1982
灌　水	4.4 a[3]		3.4 a	4.4 a	160 a	254 a	2,872 a
無灌水	1.7 b		3.1 a	1.2 a	30 b	5 b	6 b

[1] 肉眼による評価：0＝枯死，1＝樹勢が最も弱い，5＝樹勢が最も強い
[2] 肉眼による評価：0＝枯死，1＝最も激しい，5＝最も軽い
[3] 異なる英文字間に5％レベルで有意差がある

表2-12　灌水量の差異がラビットアイブルーベリー'ティフブルー'の樹高および果実収量に及ぼす影響（Spiers 1996）

処理（1週当たり灌水量. l）	樹高（cm）						
年	1986	1987	1988	1989	1990	1991	1992
3.3	71	103	125	149	173	188	223
6.6	78	122	139	171	195	201	240
13.2	76	121	143	176	211	218	254
26.4	87	128	141	180	212	216	249
有意差	*	*	NS	**	***	**	*

処理（1週当たり灌水量. l）	果実収量（kg/樹）					
年	1988	1989	1990	1991	1992	計
3.3	2.36	2.15	6.23	5.78	7.18	23.25
6.6	2.64	2.96	7.24	7.44	8.86	29.14
13.2	3.37	3.69	8.20	6.79	9.79	31.74
26.4	3.23	4.04	90.2	8.06	9.80	34.15
有意差	NS	***	***	*	*	***

＊は5％レベル，＊＊は1％レベル，＊＊＊は0.1％レベルで有意，NSは有意差がないことを示す

水量の多少と樹高および収量性についての実験によると，樹高は1週間当たりの灌水量が13.2 l区で，果実収量は1週間あたり26.4 l区で最も優れていた．一方，灌水量が最も少なかった3.3 l区では，樹高および果実収量がともに最も劣っていたことを報じている（表2-12）．

灌水は，土壌乾燥によって低下した純光合成速度を回復させる．カメロンら（Cameron et al. 1989）によると，サザンハイブッシュで乾燥ストレス（土壌水分張力は≧-0.08 Mpa）を与えた区の純光合成速度は，乾燥ストレスを与えなかった区（土壌水分張力が-0.03 MPa）の50〜57％に低下した．しかし，再び灌水すると，乾燥ストレスを受けた樹の純光合成速度は正常な樹と同様のレベルにまで回復した．

第7章　栄養特性，施肥および栄養診断

ブルーベリー樹は好酸性および好アンモニア性植物であり，そのうえ葉中無機成分濃度が低い．そのため施肥は，樹の栄養特性に合ったアンモニア態窒素を含む肥料を樹の成長過程に合わせて1年に3〜4回に分けて施すことが基本となる．また3〜4年に1度，栄養診断を実施して樹全体の栄養状態を知り，施肥管理の改善対策の指針を得ることが望ましい．

1．ブルーベリー樹の栄養特性

(1) 好酸性

ブルーベリー樹の成長は酸性土壌で優れる．成長に好適な土壌pHはタイプによって異なり，ハイブッシュがpH 4.3〜4.8，ラビットアイがpH 4.3〜5.3の範囲である（Korcak 1988, 1989；Tamada 2004）．

ブルーベリー樹の成長が酸性土壌で優れる理由は，次のような栄養特性によると考えられている．

①酸性土壌で溶出する高濃度のAl，Fe，Mnに対して耐性が強い．
②酸性土壌で溶解度が劣る塩基，とくにCaやMgの要求量が少ない．
③酸性土壌で安定して存在するアンモニア態窒素（NH_4-N）を好む．

(2) 好アンモニア性

ブルーベリー樹の成長は窒素（N）形態で異なり，硝酸態窒素（NO_3-N）よりもアンモニア態窒素（NH_4-N）で優れる．

樹の成長とN形態との関係に関する研究は非常に多く，研究結果は，ケインとエック（Cain and Eck 1966），バリンガー（Ballinger 1966），エック（Eck 1988），コーカック（Korcak 1988）および玉田（1997b）らによって要約されている．研究内容は大別して，N源に関するもの（表2-13），N形態とブルーベリーのタイプおよび品種との関係，N形態と施用量，N形態と培地pHとの関係（図2-57），N形態と陽イオンおよび陰イオンとの関係，NH_4-NとNO_3-Nとの混合比率の相違（表2-14），さらには硝酸還元酵素活性に関する分野などに分けられる．

(3) 葉中無機成分濃度

エック（Eck 1988）は，多数の研究結果からブルーベリー樹の成長と葉中無機成分濃度との関係を調べ，健全な成長のための適量濃度の範囲，健全な成長が脅かされる欠乏および過剰のレベルを区分している（表2-15）．

表2-13 土耕栽培におけるラビットアイブルーベリー'ホームベル'樹の成長および果実収量に及ぼすN源の影響（1982年～1984年までの3年間栽培[1]，1樹当たりの新鮮重g）（Tamada 1993）

N源[2]	全樹体重	地上部重				地下部重	果実収量 (g)	
		全重	旧枝	新梢	葉		1983	1984
$(NH_4)_2SO_4$	530.1	362.1	164.8	32.4	164.9	168.0	106.6	143.4
NH_4Cl	494.5	334.7	155.4	32.6	146.7	159.5	115.5	196.1
$(NH_4)_2HPO_3$	526.1	369.9	172.7	40.5	156.7	156.2	84.0	153.1
NH_4NO_3	463.9	316.5	108.2	55.4	152.9	147.4	74.3	109.1
$(NH_4)_2SO_4 + NaNO_3$	456.9	318.6	128.0	42.5	148.1	138.3	71.6	104.2
KNO_3	188.0	130.0	34.3	35.3	60.7	57.7	13.6	57.9
$Ca(NO_3)_2 4H_2O$	312.2	226.0	66.0	42.3	117.7	86.2	20.1	60.7
$NaNO_3$	166.1	114.9	36.4	30.8	47.7	51.2	13.2	7.9
尿素	393.9	274.6	101.3	44.8	128.5	119.3	91.6	138.8
Lsd(0.05)	201.2	144.9	53.7	NS	81.5	68.1	-	-

[1] 1982年4月，ピートモスと火山灰土を等量混合して詰めた1/5000 aワグナポットに1樹ずつ植え付け，1983年に1/2000 aに植え替えた．灌水にはpHを4.5～5.5の範囲に調整した水道水を用いた．1984年の10月に調査
[2] N施用量は成分で，1982年には0.5 g/ポット，1983年と1984年には1.0 g/ポットとした

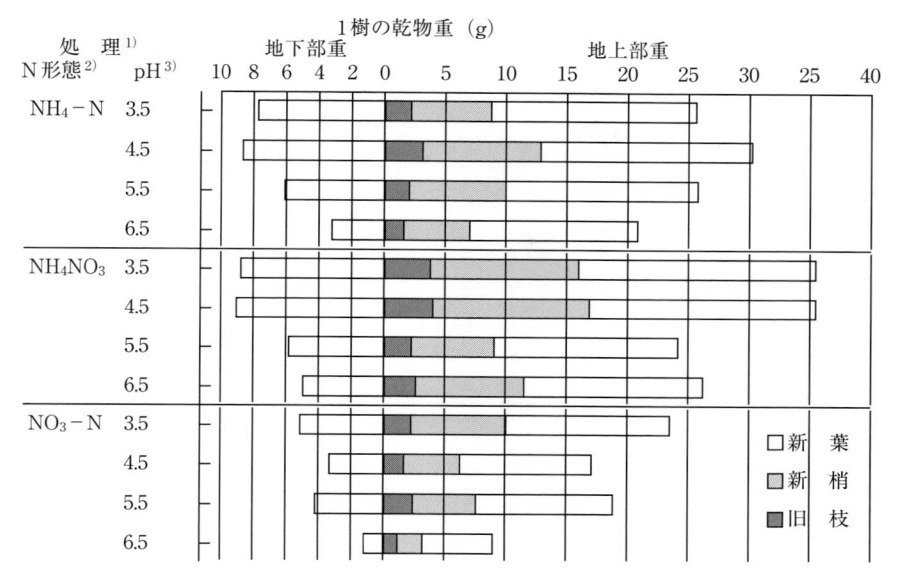

図2-57 施用N形態およびpHレベルの相違がラビットアイブルーベリー'ティフブルー'の地上部ならびに地下部の成長に及ぼす影響 (Tamada 2004)
 [1] 2000年の4月～10月まで，無加温のガラス室内で，水耕法（完全培養液）で育てた．培養液の組成は，ここには示さなかった
 [2] NH_4-N は $(NH_4)_2SO_4$ で，NO_3-N は $NaNO_3$ で与えた
 [3] pHは週に3回（月，水，金曜日），H_2SO_4 と NaOH で調整した

ブルーベリーの葉中に含まれる無機成分濃度は，他の果樹と比較して，全体的に低濃度であり，また，ブルーベリーのタイプによっても異なる．ノーザンハイブッシュの葉中無機成分濃度はラビットアイよりも高い．

2．施肥

ブルーベリー樹の樹勢を維持しながら良品質の果実を連年安定的に生産するためには，樹に吸収され，また土壌中から溶脱した肥料成分を補給する，いわゆる施肥が必要となる．

実際の施肥にあたっては，施肥の目的，肥料の種類，施肥時期，施肥量，施肥位置などの知識が必要である．

表2-14 土耕栽培のラビットアイブルーベリー'ホームベル'の成長および果実収量に及ぼすNH_4-NとNO_3-Nの混合比率の相違の影響[1] (1樹当たりの新鮮重g.) (Tamada 1993)

Nの比率[2] (NH_4-N : NO_3-N)	全樹体重	地上部重 全重	地上部重 旧枝	地上部重 新梢	地上部重 葉	地下部重	果実収量 (g) 1983	果実収量 (g) 1984
6 : 0	492.1	328.9	113.5	65.1	150.1	163.2	92.6	94.8
5 : 1	561.0	367.4	165.9	36.4	165.1	193.5	66.6	80.9
4 : 2	498.0	341.0	158.7	33.9	148.4	157.0	57.0	78.3
3 : 3	364.4	264.5	93.1	45.3	126.1	99.9	40.1	44.7
2 : 4	266.6	187.6	60.2	48.9	78.5	79.0	33.4	26.3
1 : 5	140.8	106.4	39.2	36.7	30.5	34.4	15.3	27.4
0 : 6	55.0	38.7	25.4	8.0	5.3	16.3	9.9	5.7
無窒素	17.0	7.8	3.9	1.2	2.7	9.2	1.5	-
Lsd (0.05)	56.5	49.3	45.5	NS	26.2	39.7		

[1] 1982年4月,ピートモスと火山灰土壌を等量混合した用土を詰めた7号の素焼き鉢に1樹づつ植え付けた.1983年に9号の鉢に植え替えた.灌水にはpHを4.5〜5.5の範囲に調整した水道水を用いた.1984年10月調査
[2] NH_4-Nは$(NH_4)_2SO_4$で,NO_3-NはNaNO$_3$で与えた.N施用量は成分で1982年には0.6 g/ポット,1983年と1984年には1.2 g/ポットとした

表2-15 ノーザンハイブッシュおよびラビットアイブルーベリーの葉中無機成分濃度の欠乏,適量および過剰レベル (Eck 1988)

要素	欠乏レベル(以下) (ハイブッシュブルーベリー)	適量レベル ハイブッシュブルーベリー 最低	適量レベル ハイブッシュブルーベリー 最高	適量レベル ラビットアイブルーベリー 最低	適量レベル ラビットアイブルーベリー 最高	過剰レベル(以上) (ハイブッシュブルーベリー)
N	1.70 %	1.80	2.10	1.20	1.70	2.50
P	0.10	0.12	0.40	0.08	0.17	0.80
K	0.30	0.35	0.65	0.28	0.60	0.95
Ca	0.13	0.40	0.80	0.24	0.70	1.00
Mg	0.06	0.12	0.25	0.14	0.20	0.45
S	0.10	0.12	0.20	-	-	-
Fe	60 ppm	60	200	25	70	400
Mn	23	50	350	25	100	450
Zn	8	8	30	10	25	80
Cu	5	5	20	2	10	100
B	20	50	70	12	35	200

(1) 施肥の目的

施肥の目的は樹齢によって異なる.

1) 幼木期

苗木の植え付けからおよそ2年間の幼木期における施肥は,主として旺盛

な新梢伸長を促進させるために行う．
2）若木時代
　植え付け後3〜5年間の若木時代は，ある程度開花，結果させながら，樹冠の拡大に重点をおいた栄養成長期間である．そのため施肥の第一の目的は栄養成長を促すことであり，施肥量は樹齢に応じて増やす必要がある．
3）成木期
　一般に，植え付け後6〜7年で成木期に達する．それ以降，老木期までの期間は果実収量および品質が安定する期間であるため，施肥の目的は灌水，花芽の着生，結果，果実収量および剪定などの相互関係を考慮しながら，栄養成長と生殖成長との均衡を取ることである．
　成木期間はできるだけ長期にわたって維持することが望ましい．
4）老木期
　ブルーベリー樹は，樹齢がおよそ20〜25年以上になると樹勢が衰えて新梢伸長が弱まり，果実収量が少なくなる，いわゆる老木期を迎える．
　老木樹でも，N肥料を主体にした施肥，強い剪定，および灌水などを組み合わせた総合的な管理によって，旺盛な新梢伸長を促し，樹勢を回復させることができる．一方，老木期は品種更新の時期でもある．老木樹の樹勢回復管理は果実品質の優れた品種について勧められ，品質に難がある品種には勧められない．
（2）肥料の種類
1）主成分および形態
a．窒素（N）
　N肥料はN成分の形態によって，①アンモニア系，②硝酸系，③尿素系，④シアナミド系，⑤緩効性の五つに分類される（伊達・塩崎 1997）．ブルーベリー樹は代表的な好アンモニア性植物であるため，N肥料の形態は，アンモニア系の硫酸アンモニアが最も一般的である．また，尿素系，および尿素を含んだ緩効性窒素も適している．
b．リン（P）
　リン酸質肥料はブルーベリー栽培では単一で施用されることは少なく，一

般的に，N，P（主として可溶性リン酸），Kを含む化成肥料で施用されている．

c. カリ（K）

カリ（K）肥料には硫酸カリと塩化カリの二種類がある．両者の副成分である硫酸根（SO_4）と塩素（Cl）はともに土壌を酸性にするが，ブルーベリー樹の成長は塩化物よりも硫酸塩で優れる（Townsend 1971）．

2）化成肥料

ブルーベリー栽培で最も一般的なのは，N, P, Kの三要素を含む化成肥料である．しかし，N形態はアンモニア態のものとする．

化成肥料は，成分量によって普通化成（低度化成）と高度化成に分けられる．普通化成は，三要素の合計量が15％以上30％未満のもので，最も広く使用されている．

高度化成は三要素の合計量が30％以上のもので，原料として尿素やリン酸アンモニアを用いたものが多い．普通化成に比べて成分量が多いため，施肥に当たっては過剰にならないように注意する．

3）有機質肥料

有機質肥料には魚粕や骨粉などの動物性肥料（有効肥料成分は主としてNとP），各種の植物油粕（Nを主な成分とし少量のPとKを含む）が中心の植物質肥料，堆肥やきゅう肥の自給有機質肥料，さらには汚泥などの有機廃棄物に由来するものなどがある．

(3) 施肥法

1）施肥の一例

ブルーベリーの施肥は，厳密には，タイプおよび品種，樹齢，各地域の気象条件や土壌条件によって異なる．そのため，地域別に施肥法の確立されていることが望ましいが，わが国における研究例は少なく，未だデータの蓄積段階である．

実際の施肥では，アメリカの代表的な生産州における施肥基準が参考にされている（Johnston *et al.* 1976; Himelrick *et al.* 1995; Pritts and Hancock eds. 1992）．ここでは，アメリカ・アラバマ州における施肥例（Himelrick

et al. 1995) を参考にして，施肥の一例を示した（表2-16）.
施肥量は，8-8-8式の普通化成に換算したものである．

a. 樹齢別施肥量

植え付け後2年間は，1樹当たり1回の施用量の標準を約21gとする．若木時代は成長が旺盛で樹形の拡大が急激に進むため，1回当たりの施用量は樹齢とともに増やす．成木（6年以降）樹では70gを標準とする．

b. 施肥時期

施肥は，植え付け年と2年目には年3回，植え付け3年目以降は年4回を基本とする．1回目（春肥）は萌芽直前であり，関東南部では3月中〜下旬である．それから6〜7週の間隔で2回（追肥），そして果実収穫後に1回（礼肥）である．毎回，同量を施す．

春肥は，開花期間中における旺盛な新梢伸長に対応している．追肥は果実の成長に必要な量を満たすためである．最後の礼肥は，果実に消費された

表2-16 ブルーベリーの樹齢別施肥例（Himelrick *et al.* 1995）
（8-8-8式肥料 [1]，1樹あたりの施肥量）

植え付け後の年数	年間の施用量 (g)	1回あたりの施用量(g)および時期 (株元から30cm以上離して散布)
1（植え付け年）	42〜62	21〜31gを植え付け6週後，それから6週後に1回（計2回）
2	84〜126	21〜31gを萌芽直前，それから6週づつの間隔で2回（計3回）
3	112〜168	28〜42gを萌芽直前，それから6週づつの間隔で2回，果実収穫後（計4回）
4	168〜252	42〜63g．施肥時期は3年以降同じ（計4回）
5	228〜340	57〜85g．施肥時期は3年以降同じ（計4回）
6年	280〜420	70〜105g．施肥時期は3年以降同じ（計4回）
6年以上	280〜420	70〜105g．施肥時期は3年以降同じ（計4回）

[1] ヒメルリックらが勧めている12-4-8式肥料についてN成分を中心に8-8-8式（普通化成）に換算した

樹体内の貯蔵養分を増加させて翌年の新梢伸長を良くし、開花や結実を良くするために行う。果実収穫直後の礼肥であれば秋枝が伸び過ぎたり、枝の充実が遅れるという心配は少ない。

2) 施肥上の留意点

ブルーベリーのタイプに共通して、施肥上の留意点がある。

a. N肥料

前述したように、N肥料の形態はアンモニア態窒素とする。硝酸態窒素を施用すると、成長が不良となり、ひどい場合には樹が枯死する。

b. 施肥位置

ブルーベリーの根は浅根性で根群の層が浅いため、施肥によって濃度障害を起こしやすい。施肥位置は1カ所に集中しないように注意し、幼木では株元から大体20～30 cmの範囲に輪状に、成木では樹冠外周の下に輪状に、あるいは樹列にそって帯状に施肥する。また追肥または礼肥の際に、肥料が湿った葉に付着しないように注意する。付着すると葉が焼けたり、落葉したりする。

施肥後は肥料成分の揮散、溶脱などによる損失を少なくするため、浅く中耕してマルチ材のチップ、おがくず、もみがらなどと混合させる。

3) 欠乏症の回復

葉にクロロシス症状がみられた場合には、まず始めに土壌pHを5.2以下

表2-17　ハイブッシュブルーベリーにおける微量要素の欠乏レベルと回復のための処理法（Eck 1988）

要素	欠乏レベル	（土壌）施肥法および施肥上の注意点
Fe	60 ppm	キレート鉄225 gを100 lの水に溶かして2回施用 pHを調整する
Mn	20 ppm	土壌pHを5.2以下に保つ キレートMnを100 lに6.3 g溶かして施用
Zn	10 ppm	土壌pHを5.2以下に保つ キレートZnを100 lに6.3 g溶かして施用
Cu	10 ppm	土壌pHを5.2以下に保つ 排水を良好にする
B	10 ppm	灌水を十分に行う

にして症状の回復の程度を観察する方法が勧められる．一般的には，樹齢に合わせて硫安（硫酸アンモニア）を施用して葉色の変化をみるのが良く，硫安によってクロロシス症状が治った場合には，原因は高い土壌pHにある．硫安を施用しても葉の症状が回復しなかった場合には，栄養診断をした上で，目的とする成分の施肥や葉面散布などを行う（表2-17）．

3．栄養診断

栄養診断は，葉や果実に現れた特異な症状から肥料成分の過不足を判定するもので，施肥管理の改善対策の指針を得るために非常に有効である．葉分析と土壌診断とがあり，両者とも実施することが望ましい．

(1) 主要成分の欠乏および過剰症状

1) 窒素（N）

N施用量が適切な場合，樹は健全な成長を示し，葉は濃い緑色をていして大きく，新梢伸長が優れる（図2-58）．

一般的に，Nは多肥される傾向が強い．多肥によって旺盛な新梢を多数発生し，大きくて暗緑色の葉を着ける．一方，新梢が遅伸びするために花芽の形成が少なくなり，果実の成熟期が遅れ，さらには枝の硬化が不十分なまま冬季をむかえて寒害を受けることが多くなる．

逆に，N欠乏の樹は新梢の下位葉（成熟葉）が全体的に黄緑色となって小さく，新梢伸長が抑えられる．そのような状態が数年続くと，樹勢は次第に弱くなり，果実の生産性が著しく低下してくる．

2) リン（P）

実際栽培園においては，P欠乏および過剰症状はほとんどみ

図2-58 健全樹：葉は濃緑色をていして大きく，新梢伸長が優れる

られない．また，施肥に反応することも少ないとされている．
3）カリ（K）

　Kは樹の成長に必要とする量以上に吸収されるため，直接的な過剰障害は発生しにくいとされている．しかし，過剰のK施用はMgの吸収を抑制することが知られている．

　K欠乏症は葉縁にそって焼け，凹凸，巻き込み，ネクロシスなどの症状が複合して発現し，新梢下位部の成熟葉に激しく出る．若い葉ではFe欠乏に似た葉脈間クロロシスとなる．

4）カルシウム（Ca）

　ブルーベリー樹の成長は酸性土壌で優れるため，実際栽培園でCaが施用されることはなく，Ca欠乏症状はほとんど見られない．一方，土壌中のCa含量が多いと土壌pHが高まり，Fe欠乏が生ずる．高い葉中のCa濃度は，通常，土壌pHの高いことを示している．

　葉中Ca濃度は結果量やN濃度によって大きく影響される．結果量が多い場合にはCa濃度が高くなり，N肥料が多くて樹勢が強い樹では低くなる．

5）マグネシウム（Mg）

　MgとKとの間には拮抗関係があり，葉中のK濃度が高くなると，葉中のMg濃度は低くなる．

　Mg欠乏は実際栽培園で多くみられる．症状は，葉脈間が黄色から明るい赤白色まで多様であるが，典型的な葉脈間クロロスシをていし，葉の中央部にクリスマスツリー状に緑色が残るのが特徴である（図2-59）．症状は新梢の下位葉から発現する（Tamada 1989）．

図2-59　Mg欠乏症状：葉の中央部にクリスマスツリー状に緑色が残る．症状は下位葉で激しい

6）鉄（Fe）

　Fe欠乏は実際栽培園で多くみられ

る症状の一つで，新梢の若い葉に現れ，主脈や側脈には緑色が残り，葉脈間はクロロシスになる（図2-60）．クロロシスをていする部分は明るい黄色からブロンズ色まで多様である．それは複雑な原因によるもので，Fe欠乏は土壌および葉中のpHが高い場合，また，高濃度のPおよびCaに起因する場合，さらには，重金属によっても発現するからである（Korcak 1988）．

図2-60　Fe欠乏症状：主脈や側脈に緑色が残り，葉脈間がクロロシスになる．症状は若い葉にあらわれる

7）マンガン（Mn）

　Mnの溶解度は土壌pHが低くなると上昇するため，酸性土壌を好むブルーベリーではMn欠乏症状は，普通，見られない．また，Mn欠乏症は多くの場合，Fe欠乏症状と重なって隠されてしまいやすいため，Fe欠乏と混同されがちである．

　葉中Mn濃度が過剰になると，新梢伸長は劣り，新葉は小さくなり，明瞭な葉脈間クロロシスが発現する（Tamada 1997a）．

8）ボロン（B）

　Bは強酸性土壌で流亡が激しいため，実際栽培園で欠乏している危険性が高いといわれる．B欠乏症状は，新梢の先端部が枯れこんで発育不良となり，葉は斑入りのクロロシス状になって巻き込むのが特徴である．

(2) 葉分析

　葉分析は葉中の無機成分濃度を測定するもので，樹全体の栄養状態を判断するために効果的である．分析する成分は，主としてN，P，K，Ca，Mg，Fe，Mnとするが，必要に応じて他の微量要素も調べる．ブルーベリー栽培では土壌中のN含量よりも，葉分析による葉中N濃度が重要視されている

(Gough 1992, 1994).

　葉中無機成分濃度は季節の推移とともに変化するため，採葉適期は，無機成分濃度が比較的安定している7月下旬から8月下旬ころまでである．具体的には，同一ほ場の同一品種から5～10樹を選び，さらに1樹から5～10本の結果枝を選んで枝ごと採取する．葉数は全体で100葉以上とする．葉は乾燥，粉砕して分析材料とする（玉田ら 1994）．

　なお，葉分析および後述する土壌診断を行うためには専用の施設や器具が必要である．そのため個人的な対応が難しく，専門機関に依頼するのが良い．自園地の栄養診断を希望する場合は，近くの農業振興センターあるいは農協の窓口を訪ねると，指導や助言が得られる．

(3) 土壌診断

　土壌診断の項目は，一般的には，土壌pH，有機物含量，P，K，Ca，Mg，B含量，塩基置換容量（CEC）などである．植え付け以降は3～4年ごとの土壌診断が勧められる（Ballinger and Goldston 1967）．

　土壌サンプルは，樹冠の外側に当たる位置から，土壌表面のマルチ層を含めずに深さ約20 cmと40 cmの2カ所から採取する．比較的均一な土壌条件であれば10 a当たり1地点のサンプリングでも園全体の把握は可能であるが，できれば1園地2～3地点から採取する．

第8章　花芽分化，受粉および結果

　ブルーベリーは頂側生花芽であり，純正花芽である．花芽は新梢伸長の停止後の夏期から秋期にかけて分化し，年内にはほとんどの花器が形成される．その後，花芽は休眠期間を経て，翌春萌芽し，3～4週間にわたって開花する．

　受粉は訪花昆虫の働きによっている．他家受粉によって結実率は高まり，果実が大きくなり，成熟期が早まる．

1. 花芽分化および開花

(1) 花芽分化

　夏期から秋期にかけて，ブルーベリー樹におきている最も重要な生理生態的な変化の一つは，花芽分化と花器の発育である．

　ブルーベリーは前年枝の先端とその下位数節の側芽が花芽となる，いわゆる頂側生花芽であり，花芽と葉芽が別々になる純正花芽である．花序は総状花序のため，花芽は求頂的に分化する．

1) 花芽分化期

　花芽（花房）分化期は，ブルーベリーのタイプおよび品種によって，また同一品種でも気象条件や場所によって異なる．ガフら（Gough *et al.* 1978）によると，アメリカ北東部ロードアイランド州（青森県北部地域から北海道南部地域と同緯度に位置）では，ノーザンハイブッシュの形態的花芽分化期（以下，花芽分化期という）は7月下旬から8月下旬までで，開花後60～90日の間にあった．このことから，彼らは生理的花芽分化期はこの時期よりもっと以前であろうと推察している．

　日本における関東南部での調査によると，花芽分化期はノーザンハイブッシュの‘ジャージー’（成熟期は中～晩生）で7月下旬～9月中旬，ラビットアイの‘ウッダード’（成熟期は極晩生）で8月中旬～9月中旬であった（図2-61）（下條 1995）．

　花芽分化期は枝の種類でも異なり，春枝は早く，夏枝，秋枝が遅い．また，同一枝上でも分化期に早晩があり，頂芽が早く分化し，先端から下位に5節あるいはそれ以下の節では，頂芽よりも数週間遅れた（Gough *et al.* 1978）．

　花芽分化後の小花は，小包，がく，花冠，雄ずい，および雌ずいの順に分化，発育し，年内には胚珠の発生がみられる．

2) 花芽分化に影響する要因

a. 炭水化物と窒素の比率

　ガフ（Gough 1994）は，花芽分化に影響する要因の一つとして樹体内の炭水化物と窒素の比率（C：N）を挙げている．一般に，窒素過剰によって

① 未分化　② 花芽(房)分化開始期　③ 小苞形成期

④ がく形成期　⑤ 花冠形成期　⑥ 雄ずい形成期

⑦ 雌ずい形成期　⑧ 雌雄ずい伸長期　⑨ 胚珠形成期

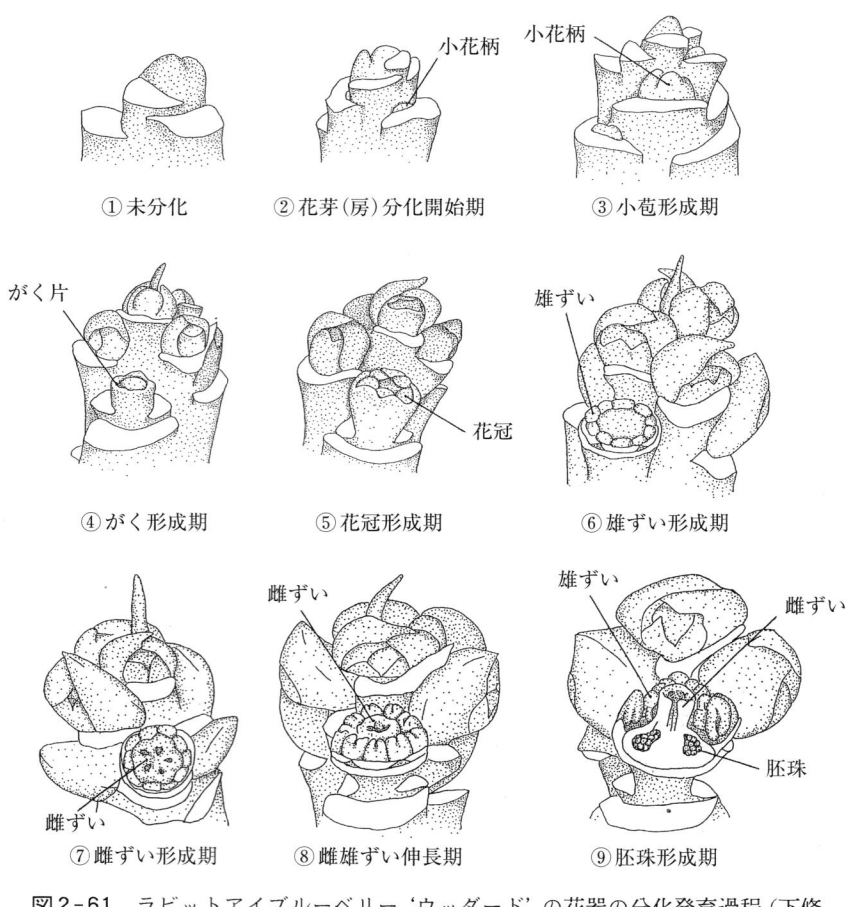

図2-61　ラビットアイブルーベリー'ウッダード'の花器の分化発育過程（下條 1995）

付記：花器の分化発育過程は次のように区分した．
①未分化：花軸がまだ短く，花軸上に小花の花芽形成がみられないとき，②花芽（房）分化開始期：花軸の節間が伸長し，リン片を7～9枚剥ぐと小花になる突起が出現するが，まだ小苞の形成まで進んでいないとき，③小苞形成期：花芽分化後，小花になる個々の突起がさらに花器形成を進める段階で小苞を形成したとき，④がく形成期：小苞の内部にがく片の凹凸がみられるとき，⑤花冠形成期：小苞の内部でがく片間に花冠の先端がみられるとき，⑥雄ずい形成期：花冠の下方に雄ずいが現れ始めたとき，⑦雌ずい形成期：花器の中央底部が突起し，そこに5つの窪みがみられるとき，⑧雌雄ずい伸長期：分化した雌雄ずいが伸長して，胚珠が形成されるまでの期間，⑨胚珠形成期：子房内に胚珠が形成されるとき

秋遅くまで伸長した新梢，日陰で育った枝，夏季に落葉した新梢などでは花芽分化が遅れ，また，着生花房数が少なくなる．これらを例に引き，ブルーベリーの花芽分化は樹体内の炭水化物と窒素量との関係によっていると説明している．

b．日長

ブルーベリーの花芽分化は短日条件下で促進されることが，実験的に明らかにされている．ノーザンハイブッシュを1次伸長枝の伸長停止後8週間，5種類の日長処理を行なったところ，8，10，12時間日長区が14時間および16時間日長区に比べて，花芽分化の早まったことが報告されている（Hall et al. 1963）．

また，ラビットアイで秋期に6週間日長処理をしたところ，花芽分化は8時間日長区が11〜12時間日長区の場合よりも早まった（Darnell 1991）．サザンハイブッシュの場合では，8週間日長処理をしたとろ，8時間日長（短日）区で花芽分化がみられたが，16時間日長（長日）区ではみられなかった（Spann et al. 2003）．

c．健全葉

ウィリアムソンとミラー（Williamson and Miller 2002）によると，アメリカ・フロリダ州でサザンハイブッシュを用い，9月4日から12月7日まで1カ月ごとに各枝の上部3分の1の着生葉を切除した（自然落葉は12月中旬）ところ，摘葉によって着生花房数および果房内の果実数が減少した（表2-18）．この結果は，健全な葉を少なくとも秋期の9〜10月の時期まで保つことが，健全な花芽の分化およびその発育に重要であることを示唆している．

(2) 開花

分化後の花芽は，自発休眠覚醒に必要な低温条件が満たされてから開花する．開花は気温に最も強く影響される．

開花の早晩および開花期間の長さは，同一品種でも栽培地によって異なるが，関東南部（東京）では，例年4月上〜中旬に始まって4月下旬〜5月上旬ころまで続く．1品種の開花期間は，3〜4週間である．

南北に長い日本列島では，開花は南の地方から始まり北の地方へと移る．

表 2-18 サザンハイブッシュ'ミスティー'および'シャープブルー'の摘葉処理が着生花房数，果実数に及ぼす影響（1998年の結果）(Williamson and Miller 2002)

摘葉処理日[1]	枝当たりの着生花房数 (花房数/枝の長さ．cm)		花房当たりの果実数	
	ミスティー	シャープブルー	ミスティー	シャープブルー
9月4日	0.14 b[3]	0.27 a	1.85 c	0.82 b
10月3日	0.23 b	0.26 a	1.09 c	0.94 b
11月6日	0.34 a	0.21 a	1.83 bc	2.81 a
12月7日	0.44 a	0.23 a	2.58 ab	3.01 a
対象区[2]	0.38 a	0.18 a	3.15 a	3.73 a

[1] 果実収穫後の6月15日，樹高1.5 mに剪定した樹を用い，その後に伸長した新梢について摘葉処理をした
[2] [1]と同じ種類の新梢を用いた．落葉は自然のままであり12月の後半であった
[3] 異なる英小文字間に5％レベルで有意差がある

たとえば，ノーザンハイブッシュ'ウェイマウス'の開花は，東京では4月上旬から始まるが，札幌市では5月中旬ころからである．

同一枝上では，一般的に，枝の先端部の花房が最も早く開花し，基部に向かって遅くなる．また，同一花房中では，基部の小花が早く開花し，先端のものは遅い傾向がみられる．

2．受粉

連年の安定した果実生産のためにブルーベリー栽培では，全開花数のおよそ80％の結果率が必要とされている．

ノーザンハイブッシュの多くの品種は，自家受粉でも比較的よく結果する．しかし，より結果率を高め，果実の大きさを増し，成熟期を早めるなど，品種の持っている潜在能力を十分に発揮させるためには，他家受粉が望ましいとされている（Eck 1988）．

ラビットアイの品種は，多くが自家不和合性の性質が強いため他家受粉が必要である（Tamada *et al*. 1977）．

(1) 訪花昆虫

主要な訪花昆虫は，ミツバチとマルハナバチである（図2-62）．ミツバチは飼育されているので多数の個体を扱いやすく，同一種類の花の間を続

けて飛び回ることから広く利用されている．しかし，活動は気温の高低や風速，降雨などによって左右されやすい．温度が21℃の場合に活動は最も活発であるが，14℃以下ではほとんど活動しなくなる．風には弱く，降雨の場合にも活動が妨げられ．冷涼で曇天な日にはほとんど飛ばないといわれる．

一方，マルハナバチはミツバチよりも低温条件下でも旺盛に活動する．そのうえ，口吻が長いために吸蜜が容易であり，花を高速で振動させるなどの長所を持っている．しかし，生息密度が一定しないのが難点である．

図2-62 ブルーベリーの受粉はほとんどが訪花昆虫の働きによっている

(2) 他家受粉が望ましい

ブルーベリーでは自家受粉および自然受粉によるよりも，他家受粉によって結果率が高まり，果実中の種子数も多くなって果実が大きくなり，成熟期が早まる（表2-19）．

異なるタイプ間の受粉によっても結実する．ガプトンとスパイアーズ（Gupton and Spiers 1994）によると，サザンハイブッシュにラビットアイを受粉したところ，結果率および果実の成長期間はラビットアイにサザンハイブッシュを受粉した場合とほとんど同じであった．しかし，果実重がわずかに劣った．

また，サザンハイブッシュの他家受粉の場合，花粉親によって果実重の大小および果実の成長期間に長短がみられた（Gupton and Spiers 1994）．この結果はメタキセニア（metaxenia）によるものと考えられ，花粉親を選択することによって，大きい果実を収穫し，収量を高め，果実の生長期間を短縮する可能性を示唆している，日本でも追試をしてみる必要があろう．

表2-19 受粉および花粉親の相違がハイブッシュおよびラビットアイの結果率，収穫率，1果実重および種子数に及ぼす影響（玉田・木原 1991）

ブルーベリーのタイプ	品種	受粉の種類　花粉親	受粉花数(花)[1]	結果率[2]（6月10日）(%)	収穫[3] 果実数(果)	収穫[3] 収穫率(%)	1果実重(g)[4] 最大果	1果実重(g)[4] 最小果	1果実重(g)[4] 平均	1果実中の種子数の合計[5]
ハイブッシュ(Hb)	ジャージー	自家	78	88.5	67	85.9	1.47	0.99	1.39	61.0
		他家×Hb. ハーバート	93	94.6	75	80.6	1.83	0.99	1.59	66.4
		自然	148	96.6	123	79.7	1.32	0.82	1.28	49.5
	デキシー	自家	58	96.6	55	94.8	2.70	1.53	2.26	35.2
		他家×Hb. ハーバート	138	94.2	115	83.3	2.76	1.49	2.40	36.8
		他家×Rb. ティフ	79	89.9	57	72.2	5.09	1.96	2.64	40.9
		自然	149	73.8	90	61.7	1.97	0.86	1.42	15.8
	ハーバート	自家	43	83.7	33	76.7	2.62	2.15	2.5	36.5
		他家×Hb. ジャージー	39	92.3	35	89.7	3.56	2.37	3.19	73.5
		他家×Rb. ティフ	67	86.6	53	79.1	4.03	2.52	3.23	58.6
		自然	71	67.6	30	42.3	2.21	1.23	1.92	35.9
ラビットアイ(Rb)	ウッダード	自家	132	91.7	75	56.8	1.43	0.82	1.27	18.1
		他家×Rb. ティフ	147	88.4	105	71.4	2.51	1.25	2.07	66.5
		自然	70	60.0	27	38.6	1.60	0.98	1.14	2.9
	ティフブルー（ティフ）	自家	149	84.6	95	63.8	1.42	0.79	1.19	17.5
		他家×Rb. ウッダード	139	92.8	117	84.2	1.72	0.92	1.69	44.4
		自然	84	65.5	39	46.4	1.45	0.94	1.22	15.5

[1] 受粉は5月1〜5日までの間に行った
[2] 6月10日の結果率は，生理落果がほぼ終了した時期の状態である
[3] 収穫期間は，Hbでは6月22〜7月29日まで，Rbでは7月10〜8月31日までであった
[4] 各収穫日ごとの最大果実重および最小果実重の平均を示し，平均果実重は全収穫果実数から算出した
[5] 果実中の種子は，全収穫果実について調査した

(3) 実際栽培園に勧められる方法

　実際栽培園では，開花期間中，ミツバチの巣箱を設置することが勧められている（Gough 1994）．ミツバチの巣箱は，10aから20aに，1巣に約10,000匹くらいの中型のものが1群でよい．放飼期間は全体の5％が開花した時から花弁が落下するまでの期間とし，放飼開始は遅れても25％以上が開花した後にならないようにする．場所は園内でも日当たりの良い所を選び，出入り口を東側の方向に向けて設置する．巣箱の設置期間中は，ミツバチの安全を守り，ブルーベリーの花を頻繁に訪花させるため，殺虫剤を散布しないことはもちろんである．また，園内および園地の近くにあるタンポポ

（ミツバチの大好物とされている）は刈り取っておく．

3．結 果

(1) 受精

1) 受精可能期間

a. 雌ずいの受精可能期間

　雌ずいの受精可能期間は，開花後6～8日くらいである．モアー（Moore 1964）によると，ノーザンハイブッシュの'ブルーレイ'は，開花8日後でも受精可能であった．またヤングとシェアマン（Young and Sherman 1978）によると，ラビットアイで経済的な結果率が得られる受精可能期間は，開花6日後までである．

　花粉管が胚珠に達するまでに要する時間は，温度条件によって1～4日くらいまでの幅がある（Knight and Scott 1964）．サザンハイブッシュでは柱頭に付いた花粉が発芽し，伸長した花粉管が花柱をとおって胚珠に達するまでに，通常，2～3日を要するとされている（Williamson and Lyrene 1995）．

b. 花粉の発芽可能期間

　花粉の発芽と花粉管の伸長は，外的条件の温度によって左右されるところが大きい（玉田・石野1992）．花粉の発芽率を人工培地（寒天濃度2.0％，蔗糖10％，pHレベル4.5，発芽時間4時間）で調べたところ，ノーザンハイブッシュの'ジャージー'とラビットアイの'ティフブルー'の花粉は，両品種とも5℃では発芽がみられず，10℃で'ジャージー'が55％，'ティフブルー'がおよそ18％の発芽率であった．

　最も高い発芽率は，'ジャージー'で20～30℃の間，'ティフブルー'で20～35℃の間であった．40℃では，両品種とも発芽がみられなかった（図2-63）

　室温条件下での花粉の発芽率は，花粉採取後の日数の経過とともに低下する（玉田・石野1992）．花房をシャーレ中に収めて，およそ20℃の室内に置いた小花の花粉発芽率は，花房採取後5日までは90％以上であったが，その後発芽率は日数の経過とともに低下した．14日後の発芽率は75％前後で

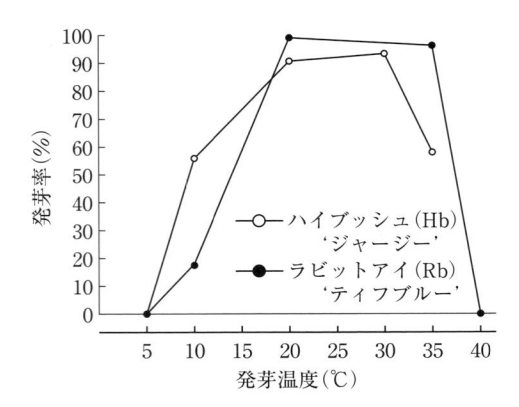

図2-63 発芽温度とブルーベリー花粉の発芽率との関係（他の条件；pHはHbでは4.3，Rbでは5.0，ショ糖濃度10％，寒天濃度1.5％，発芽時間4時間，室温20℃）（玉田・石野1992）

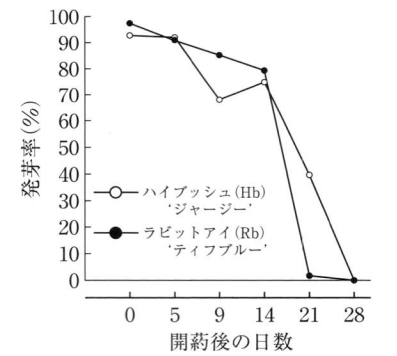

図2-64 開葯後の日数とブルーベリー花粉の発芽率との関係（他の条件；pHはHbでは4.5，Rbでは4.3，ショ糖濃度10％，寒天濃度1.5％，発芽時間4時間，室温20℃）（玉田・石野1992）

あった．さらに日数が経って21日後になると，'ティフブルー'の発芽率はほぼ0％，'ジャージー'のそれは40％であった．28日後には，両品種ともに発芽率は0％になった（図2-64）．

2）胚珠の発育

エドワーズら（Edwards et al. 1972）によると，ハイブッシュおよびラビットアイでは，受粉後花粉管が伸長して花柱をとおり胚珠に達するまでにおよそ4日間を必要とする．しかし，多くの場合に胚珠の80％は発育不良であり，胚珠の発育不良は二つのタイプに大別された．一つは不受精による胚の死亡，もう一つは果実の成長周期の第1期から2期への移行期あ

るいは第2期の初期に生ずる胚の異常によるものであった．
(2) 単為結果

　ブルーベリーは，成長調節物質処理によっても単為結果を生ずる．メインランドとエック（Mainland and Eck（1968））は，ノーザンハイブッシュの'コビル'にジベレリン（GA_3）を処理して単為結果を誘起させている．この単為結果の誘起は他の成長物質—2, 4, 5-T, 2, 4, 5-TP, NAA, NAamide, IBA, 2, 4-D, 4-CPA—の処理によっても認められている．しかし，ジベレリン（GA_3）処理のような高い結果率は得られていない．

　アメリカでは，ノーザンハイブッシュおよびラビットアイの実際栽培では，ジベレリン散布による結実確保の技術が実用化されている．具体的には，開花期間中の低温や降雨などの天候不順によって開花数の20％以上の結実がみられない場合に，結果率を高める補助手段として200 ppmあるいは150 ppm溶液の散布が勧められている．なお，日本ではジベレリンの使用は認められていない．

第9章　果実の成長および成熟

　ブルーベリー果実は，開花，結果後およそ2～3ヵ月を経て成熟する．この期間中の果実は，二重S字型曲線を描いて成長し，品質を決定する果皮色，糖度，酸度および肉質などに関係する化学成分が変化しつつ成熟へと進む．

1．果実の成長

(1) 二重S字型曲線の成長周期

　ブルーベリーの成長周期は，果実重，横径，縦径ともに，三つの段階（期）に分けられる（図2-65）．成長周期第1期は果実が急激な肥大を示す段階（幼果期）であり，第2期は成長の停滞期（肥大停滞期）である．その後，再び肥大が盛んになる第3期（最大肥大期）となり，果実の大きさは最大に達し，果皮は赤色に着色を始め，次第に全体が明青色（あるいは青紫色）になって成熟する（Gough 1994；志村ら1986；玉田ら1988）．

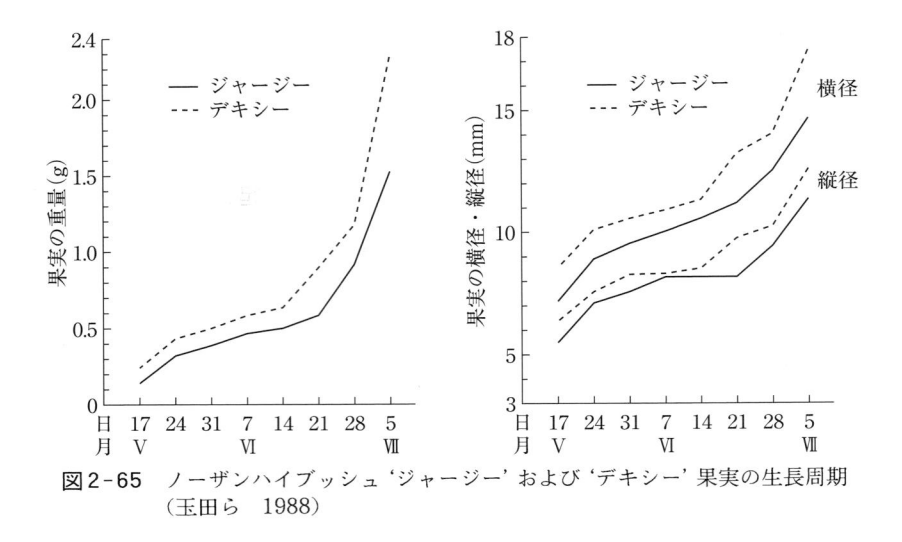

図2-65 ノーザンハイブッシュ'ジャージー'および'デキシー'果実の生長周期
(玉田ら 1988)

　果実の成長は，原則的には個々の細胞の分裂増殖と容積の増大，ならびに細胞間隙の拡大によっている．ヤング（Young 1952）によれば，果実が急激に成長する第1期は細胞分裂の時期である．第2期の肥大停滞期には，種子，すなわち胚と胚珠が急速に発育する．第3期の果実が再び急激に肥大する最大肥大期は，細胞の肥大期である．

(2) 果実の成長とタイプ，および受粉の種類

　果実の成長速度はブルーベリーのタイプによって異なる．成熟期が早いハイブッシュは，成熟期が遅いラビットアイよりも第2期の肥大停滞期間が短く，品種間では早生品種が晩生品種よりも第2期の期間が短かい．

　果実の成長速度は受粉の種類によっても異なる．ホワングら（Huang et al. 1997）によると，サザンハイブッシュ'シャープブルー'の他家受粉果実（花粉品種'ガルフコースト'）は，自家受粉果実と比べて生長速度が早い．とくに成長周期第2期の期間が短く，成長曲線が立った状態であった．また，受粉10日後の他家受粉果実は自家受粉果実の2倍の大きさであった．それ以降も，両受粉区間の果実重の差は大きくなった．一方，他家受粉区内では花粉親が違っても，成長周期の各段階の長さおよび果実の大きさに

は差がなかった．

(3) 果実の成長と成長調節物質

　メインランドとエック（Mainland and Eck 1971）は，ノーザンハイブッシュの'コビル'および'ジャージー'を用いて，ジベレリン（GA_3）処理によって単為結果した果実（無核果）と受粉によって結果した（受粉果実，有核果）のオーキシンおよびGA活性を調査した．その結果，GA_3処理で結果した果実は受粉果実と同様に二重S字型曲線を示して成長し，成長第1期においては受粉果実よりも肥大していた．しかし，第2期に入ると成長は停滞し，さらに第3期になると受粉果実よりも小さくなり成熟期も遅れた（図2-66）．果実中のオーキシン（IAA）濃度は，GA_3処理果実では成長周期第2期の初めに当たる処理2週間後にピークに達し，その後低下したが，最大肥大期となる第3期の始めに再び上昇している．一方，受粉果実では'コビル'がGA_3処理による果実と同様のパターンを示したが，'ジャージー'は第3期の始めにピークがあった（図2-67）．

　GA_3処理果実中のGA濃度は，両品種ともに処理1〜2週間後にピークに

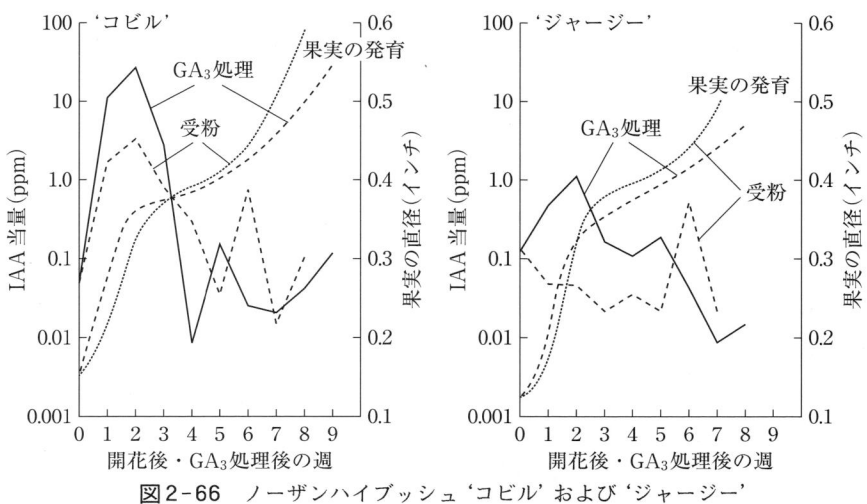

図2-66　ノーザンハイブッシュ'コビル'および'ジャージー'の受粉およびGA_3処理果実の生長曲線と果実中オーキシン濃度の変化（Mainland and Eck 1971）

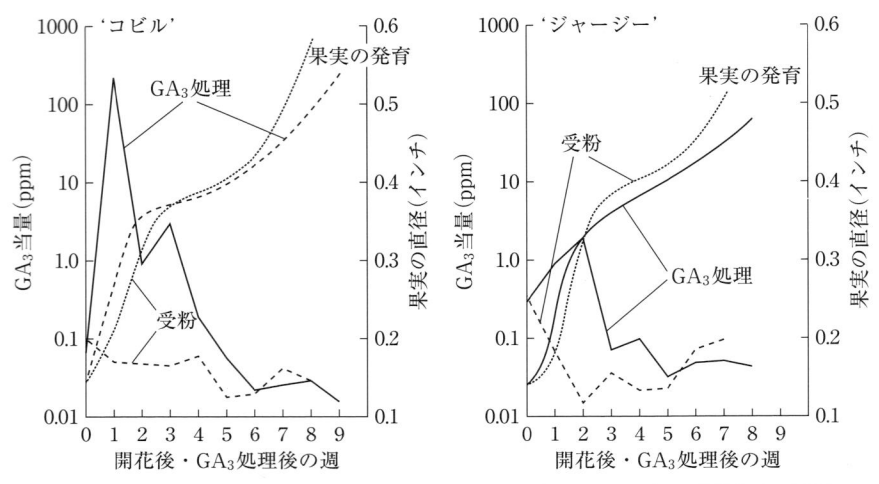

図2-67 ノーザンハイブッシュ'コビル'および'ジャージー'の受粉および GA₃ 処理果実の成長曲線と果実中ジベレリン様物質濃度の変化 (Mainland and Eck 1971)

達した．一方，受粉果実の GA 濃度は開花時に最も高かった．

(4) 果実の成長と果実の大小および種子数

ブルーベリーでは，同一品種内でも，収穫期間中早期に成熟した果実は大きく，晩期に成熟した果実は小さい．また，早期の成熟果は，晩期の成熟果に比べ含有種子数が多い（岩垣・玉田 1971）．

(5) 種子の発育

種子（胚珠）は，受粉後短期間のうちに発育停止をおこしている．ホワングら（Huang et al. 1997）によると，サザンハイブッシュの胚珠数は，開花時および受粉5日後に110個前後あったが，受粉10日後には，自家受粉区では約40％，他家受粉区では24～29％の減少であった（図2-68）．それ以降，成熟までの期間における胚珠数の減少は少なかった．成熟果（1果実中）の胚珠数は，受粉50日後の自家受粉区で65～70粒，受粉40日後の他家受粉区で75粒前後であった．

胚珠の肥大は，自家受粉および他家受粉両区の果実ともに受粉後5～25日までの間に著しかった．他家受粉による果実中の胚珠は，自家受粉のそれ

と比較して，いずれの調査日でも大きく，受粉後10日には自家受粉果実の2倍以上であった．このことは，他家受粉果実の胚珠が受精後急激に肥大することを示唆している．

2．成熟に伴う生理作用

ブルーベリーの成長周期第3期は，着色（成熟）段階とほぼ一致している．すなわち，この期間中における果実中の生理作用の結果，果皮色，糖度，酸度および肉質などが決定されることとなる．

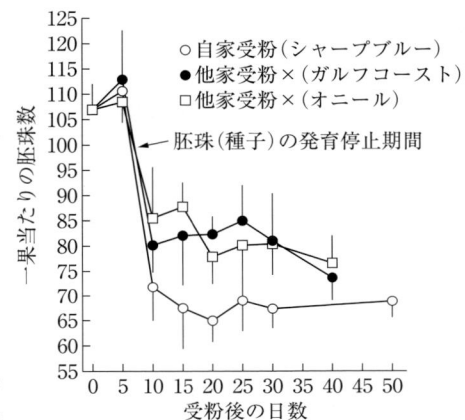

図2-68 サザンハイブッシュ'シャープブルー'の自家受粉果実および他家受粉果実の成長期間中における胚珠（種子）数の推移（Huang *et al*. 1997）

(1) 着色段階の区分

果実の形態的および生理的変化を比較するためには，着色段階をさらに区分する必要がある．区分の基準は容易に判別できることが望ましく，果皮の着色状態から次の六つに分けるのが一般的である（Eck *et al*. 1990；Gough 1994；志村ら1986）．

①未熟な緑色期（Immature green）

　果実は硬く，果皮全体が暗緑色の段階（Igと略記される）．

②成熟過程の緑色期（Mature green）

　果実はわずかに軟らかくなり，果皮全体が明緑色の段階（Mg）．

③グリーンピンク期（Green-pink）

　果皮は全体的に明緑色であるが，がく（萼）の先端が幾分ピンク色になった段階（Gp）．

④ブルーピンク期（Blue-pink）

　果皮は全体的にブルーであるが，果柄痕の周りが幾分ピンク色をていしている段階（Bp）．

⑤ブルー期（Blue）

果皮全体がほとんど完全にブルーであるが，果柄痕（スカー，scar）の周囲にわずかにピンク色が残っている段階（Bl）．

⑥成熟期（Ripe）

果皮全体がブルー色になった段階（Rp）．

(2) クライマクテリック型果実

ブルーベリーは成熟過程に入ってから呼吸量が上昇する，いわゆる，クライマクテリック型果実である．志村ら（1986）によると，ノーザンハイブッシュの'ウェイマウス'と'ジャージー'，ラビットアイの'ウッダード'と'ティフブルー'果実は二重S字型曲線を描いて成長し，果実の呼吸量は成長周期の第2期の終わりころ，もしくは第3期の初めに一時的増加をもたらす（図2-69）．この点から，志村らは，ブルーベリーはクライマクテリック型の果実であろうとした．また，エチレン排出量のピークは呼吸のクライマクテリックピークと同時期か，やや早い時期に認められている．

(3) 成熟に伴う化学的変化

バリンガーとクッシュマン（Ballinger and Kushman 1970）は，ノーザン

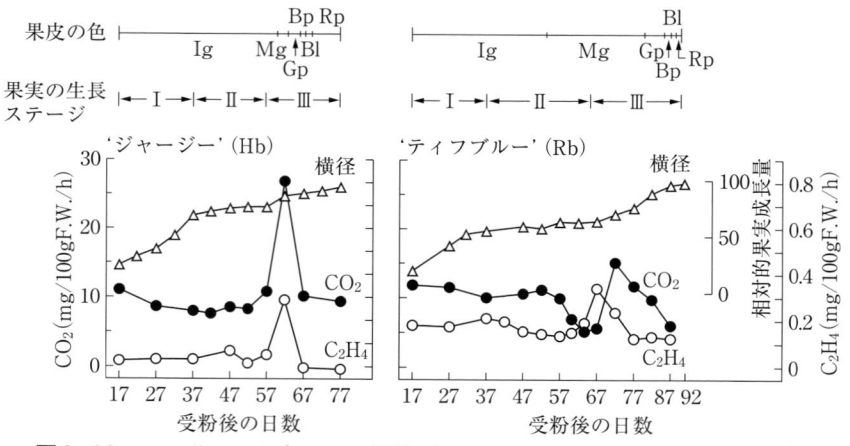

図2-69 ノーザンハイブッシュ（Hb）およびラビットアイ（Rb）品種の果実の成長，果皮色，呼吸量およびエチレン排出量の経時的変化（志村ら1986）

ハイブッシュの'ウルコット'を用いて，果実の成長段階を8段階に区分し，それぞれの段階の果実のpH，クエン酸，糖度（可溶性固形物含量と全糖），アントシアニン含量および果実重を調査している（表2-20）．

1）アントシアニン

ブルーベリーの果皮色は暗青色（dark blue）から明青色（light blue），あるいは紫青色から紫黒色などと表現されるが，基本的にはアントシアニン色素によっている．

表2-20のように，アントシアニン含量は着色（成熟）段階に入ってから急激に増加している．果皮全体が青〜赤色の段階（段階6）では332 mg（100 g中）であったが，果皮全体が青色（段階7）になると593 mgに増加し，その後，完全に青色になった果実（段階8）では1,033 mgになっている．

2）果実の糖および酸

ブルーベリーの主要な糖は，果糖（フルクトース）とブドウ糖（グルコース）であり，全糖に対して90％以上を占める（伊藤1994）．

志村ら（1986）は，果実の成長期間中における糖および酸含量の変化に

表2-20　ノーザンハイブッシュ'ウルコット'果実の成熟ステージと果実成分（Ballinger and Kushman 1970）

成熟ステージ[1]	pH	全酸（クエン酸として）(%)	可溶性固形物(%)	可溶性固形物/クエン酸比	全糖(%)	全糖/クエン酸比	アントシアニン(mg/100 g)	果実重(g)	1果中の酸含量(g)	1果中の糖含量(mg)
1	2.60	4.10	6.83	1.67	1.15	0.28	-	0.31	12.9	4.0
2	2.68	3.88	7.20	1.86	1.70	0.46	-	0.52	20.2	9.4
3	2.74	3.19	8.96	2.83	4.03	1.28	-	0.64	20.2	25.6
4	2.81	2.36	9.88	4.22	5.27	2.28	85	0.74	17.5	38.9
5	2.96	1.95	10.49	5.48	6.20	3.26	173	0.80	15.7	49.7
6	3.04	1.50	10.79	7.30	6.87	4.69	332	0.91	13.7	62.3
7	3.33	0.76	11.72	15.42	8.57	11.18	593	1.18	9.0	101.3
8	3.80	0.50	12.42	24.84	9.87	19.95	1,033	1.72	8.6	169.3
lsd (0.05)[2]	0.14	0.23	0.30	0.38	0.36	0.25	20	0.06	1.5	3.7

[1] 付記．成熟ステージの概要；1. 果実は小さく果皮が深緑色，2. 果皮が明るい緑色，3. がく（萼）の周りがわずかに赤色，4. 果皮の半分くらいが赤色化，5. 果皮がほとんど赤色化，6. 果皮全体が青〜赤色，7. 果皮が全体に青色，8. 完全に青色
[2] 成熟ステージ1から6までについて行った

ついて調べている．全糖含量は，ノーザンハイブッシュおよびラビットアイともに幼果期から成熟期に近づくにつれて高くなり，とくにポストクライマクテリック（Postclimacteric）以降に急増した．また，糖度，全糖および還元糖は着色が進んだ適熟果で増加していた（図2-70）．

一方，酸含量は，果実の成長とともに増加したが，ポストクライマクテリックを過ぎると急激に減少して糖含量とは逆の傾向になった．さらに，着色が進むほど酸含量は減少した．

3）糖酸比

果実の食味（風味）は，大きくは，糖酸比によって決定され，その比率は果実が成熟した時に有意的に高まる．

表2-20に示したように（Ballinger and Kushman 1970），果実に含まれるクエン酸含量は成熟段階の進行にともなって低下し，逆に，可溶性固形物含量および全糖含量は増加している．可溶性固形物含量あるいは全糖とクエン酸の比率で表せる糖酸比は，成熟段階の進行に合わせて高くなった．

(4) 成熟に伴う物理的変化

1）肉質の変化

果実の肉質（果実の硬さ）は，成熟段階の進行とともに軟らかくなる．こ

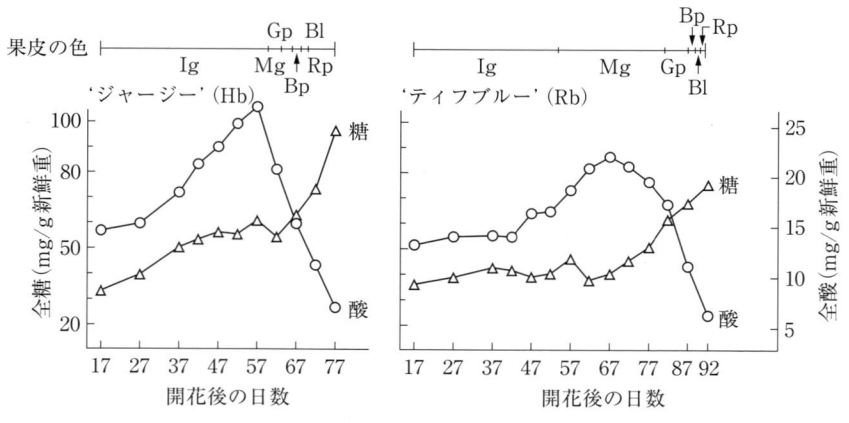

図2-70　ノーザンハイブッシュ（Hb）およびラビットアイ（Rb）果実の全糖含量および酸度の経時的変化（志村ら　1986）

の過程は，成熟ホルモンといわれるエチレンによって細胞壁加水分解酵素の合成が促進され，細胞壁のペクチンが可溶化し，果肉が軟化することによると考えられている（志村ら1986）．

2）石細胞の発達

ブルーベリーの果実組織中には石細胞が存在する．ガフ（Gough 1983）によると，ノーザンハイブッシュの'コリンズ'の果実で石細胞の分布密度が高い組織層は，果皮から460〜920 μmの範囲で，子室の周囲から中果皮にかけてであった．また，石細胞の発達は果皮がIg期（未熟な緑色期）からGp期（グリーンピンク期）までの間に急速に進み，細胞の大きさはIg期の約1.5 μmからGp期の11 μmくらいまで肥大する．それ以降における石細胞の肥大は比較的ゆるやかに行われる．

3）果実の分離

ブルーベリーでは果実と小果柄との分離のしかたが，果実の成長段階によって異なる．ガフとリッケ（Gough and Litke 1980）によると，Mg期（成熟過程の緑色期）の半ばまでは果実と小果柄が一緒にくっついて分離するが，それ以降は次第に果実のみが分離するようになる．そのため，成熟果は果実にさわり，軽くひねる程度の力で収穫できるようになる．

第10章　収穫および出荷

　ブルーベリー果実は第3期の成長周期に入ると再び急激に肥大し，それとともに着色が進み，果実内の糖分増加と酸度の低下が同時進行的に生じ，さらに果実硬度が低くなって成熟期に達し，収穫期を迎える．

　おいしいブルーベリーは，アントシアニン色素が果皮全体を覆ってから5〜7日後に収穫されたものである．収穫果は続いて選果，包装され，場合によっては貯蔵してから出荷される．

1. 収穫

(1) 収穫開始期および収穫期間

　南北に長い日本列島の収穫期はブルーベリーの同一品種でも，西南暖地では早く，東北地方や北海道では遅くなる．関東南部は両者の中間であり，例年，極早生品種の収穫が6月上旬から始まる．

　収穫期間は，成木樹の場合，およそ3～4週間続く．これは，同一品種でも樹，枝，および枝上の果房の着生位置によって，さらに同一果房内でも果実によって成熟期に数日間の早晩があるためである（図2-71）．そのため関東南部で極早生品種から極晩生品種までを栽培すると，収穫期間は6月上旬～9月上旬までの3カ月間にも及ぶ．

(2) 収穫適期

　ブルーベリーの収穫適期は，主にアントシアニン色素の着色の程度から判断されている（Gough 1994）．大きくて，風味があっておいしい果実は，アントシアニン色素が果皮全体を覆ってから5～7日後に収穫したものである．これは，ブルーベリーが成長周期第3期の着色段階に入ってから急激に肥大し，肥大とともにアントシアニン含量と糖含量が高まり，逆に酸含量が減少し，果実硬度と果実が果軸に着生している強度が低下することによっている（第9章　果実の成長および成熟を参照）．

　表2-21に，ノーザンハイブッシュ数十品種の品質パラメーターを比較した（Sapers *et al.* 1984）．成熟果の糖度，酸度およびアントシアニン含量は，品種の特性であることが分かる．

(3) 1樹当たりの収量

　ブルーベリー樹の収量は，1樹当たりの花房数，花房の開花

図2-71　成熟期は，枝上の果房の位置によって早晩がある
　　　　画面上，黒色の果実は成熟果，白色のものは未熟果

表2-21 ハイブッシュブルーベリー11品種果実のpH，滴定酸度，可溶性固形物，糖酸比およびアントシアニン含量（Sapers *et al*. 1984）

品種	果実pH	滴定酸度 (%クエン酸)	可溶性 固形物 (%)	可溶性固 形物/滴 定酸度	全アントシア ニン (mg/100 g)
バークレー（Berkley）	3.43 ab[1]	0.47 bc	13.7 abc	29.8 ab	151 c
ブルータ（Bluetta）	3.26 ab	0.60 bc	11.4 d	20.6 abc	161 c
ブルークロップ（Bluecrop）	3.33 ab	0.60 bc	12.2 d	20.5 abc	85 d
ブルーレイ（Blueray）	3.27 ab	0.55 bc	11.4 d	21.1 abc	143 c
バーリントン（Burlington）	3.38 ab	0.70 bc	14.3 a	21.5 abc	270 a
コリンズ（Collins）	3.28 ab	0.54 bc	12.3 bcd	23.2 abc	119 cd
コビル（Coville）	2.97 ab	0.84 bc	12.6 bcd	15.0 bc	139 c
アーリーブルー（Earliblue）	3.46 ab	0.42 c	12.3 cd	30.7 ab	137 c
エリオット（Elliot）	2.85 b	1.31 c	11.4 d	8.7 c	214 b
ジャージー（Jersey）	3.49 a	0.40 c	13.8 ab	34.6 a	160 c
ウェイマウス（Weymouth）	3.28 ab	0.49 bc	11.2 d	22.7 abc	142 c

[1] 異なる英小文字間と5％レベルで有意差がある

数，花数に対する成熟果の割合，成熟果の平均重，1樹の最終的な収穫果数の五つの要素によって構成される（Williamson and Lyrene 1995）．しかし，一般に収量の多少は，タイプおよび樹形の大小との関係から判断されている．

多くの場合，成木樹1樹あたりの収量は，ラビットアイがおよそ4〜9 kgで最も多く，次いで，ノーザンハイブッシュが3〜5 kgである．サザンハイブッシュは2〜4 kg，樹形が最も小型のハーフハイハイブッシュは0.5〜2.0 kg程度で少ない．

(4) 収穫方法

収穫方法には手収穫と機械収穫の二つがあるが，日本では手収穫である．

1) 手収穫

手収穫はアントシアニン色素が果皮全体に回っていることを確認して，すなわち，完熟果を選別して摘み取る方法である．完熟果は，果実を軽く横にひねる程度の力で収穫できる．

気温の低い午前中に，底が浅く（深さが10 cmくらい）メッシュの入った容器を用い，葉，果軸，障害果を含まないよう丁寧に摘み取る．収穫量には，個人差と熟練の差があるが，成人1人・1日当たり30〜40 kgくらい

が平均である．そのため，収穫最盛期には成木園10 a当たり2〜3人の労力が必要である．
2）機械収穫

機械収穫には，樹高が1.5〜2.0 mもある樹をまたいで走行するオーバーロー収穫機，および結果枝を振動させ，果実を落下させて収穫するバイブレーターの二つがある．

機械収穫は，アメリカを始め海外の大規模栽培園で一般的であるが，日本では行われていない．

(5) 収穫上の注意点

風味が良い完熟果を収穫し，また収穫した果実の品質劣化を抑えるため，収穫に当たっては厳守すべき事項がある（Himelrick *et al.* 1995）.

1）早取りしない

収穫始めは，樹全体の15〜20％の果実が完熟した状態に達した時とする．ブルーベリーは，収穫後，デンプンが糖化して可溶性固形物含量が増加することがほとんどないため，糖度が高く，糖酸比の良い果実を生産するためには収穫間隔をあける必要がある．

2）収穫間隔を守る

1樹の収穫は，5〜7日ごととする．果皮に赤みが残っているのは未熟果であり，果皮全体がアントシアニン色素でブルーに着色してから最高の糖度に達するまでに，なお4〜6日を必要とする．また，完熟果は果柄痕が乾燥状態になるため，収穫後における萎れや腐敗による劣化が少なくなる．

3）朝露が消散してから摘み取る

果実が朝露に濡れていると，果実品質を著しく劣化させる各種のカビ病菌の発生が多くなる．

4）底の浅い容器に収穫する

果実の押し傷を少なくするために，収穫容器は10〜15 cmくらいの底の浅いものとする．

5）収穫果は涼しい所に置く

ほ場での果実温を下げるために，収穫果はできるだけ速やかに日陰や涼し

い所に置く．
6）軽くねじって摘み取る

　果実は果房から引きちぎったり，果柄から引っ張ったりしない．そうした場合，果柄痕が傷められたり果皮が剥けたりして傷む．
7）果粉を取り除かない

　果粉はブルーベリー果実の特徴である．収穫およびその後の選果などに際しても果粉が取り除かれないように注意し，また，果粉に指紋が着かないように手袋をして扱うなど，細かい配慮が必要である．
8）取り残しをしない

　成熟果は取り残しなく収穫する．取り残しがあると，次の収穫日には過熟果になって品質が劣化し，また，病害虫の寄主となりやすい．
9）障害果などの除去

　収穫前に園内をよく見回り，病害および虫害の被害果，裂果，落下した果実などは見つけ次第除去しておく．このような果実が樹上や園内にあると，病害虫の寄主となりやすいのでほ場衛生に気をつける．

２．出荷

　ブルーベリーは果皮および果肉が軟らかく，日持ち性が短い．その上日本では，梅雨期から最も気温の高い時期にかけて収穫，出荷されるため，果実の品質保持にはとくに注意を要する．

（1）果実温の低下

　収穫果の傷みや軟化は，一般的には，高温条件下で進行し，低温条件下で抑制される．そのため，外気温の比較的低い早朝（朝露が消えてから）から午前中に収穫し，さらに，直射日光に当てないよう日陰や涼しい所に置くことが望ましい（Gough 1994；Sargent *et al*. 2006）．

（2）選別

　手収穫の場合，成熟果だけを丁寧に，直接，出荷容器に摘み取れば選果（選別）はとくに必要としない．容器一杯になって一定重量を満たしたものは包装後，生果として出荷，販売できる．

選別は，一般的には二段階を経ている．まず収穫果が一定量まとまった時点で園地から選果場に運び込み，そこであらかじめ準備しておいた大きい容器に広げて果実温を下げる．次に，収穫時に混入していた果軸，葉，未熟果，過熟果および障害果などを除去し，出荷容器に詰めている．

(3) 規格

日本には，今日のところ，ブルーベリーについての規格および基準はなく，生産者の自主判断によっている．しかし，今後は，消費者が安心して購入できるよう，また生産者と消費者の両者に共通理解される一定の基準づくりの必要性が高まると考えられる（玉田 2003）．

以下にUSDAの資料から等級選別基準の一部を紹介する（USDA 1995）．

1) 階級

ブルーベリー果実では「果実の大小を等級選別の対象にしない」としており，果実の階級分けは品種特性調査のためにのみ用いるとしている．その上で，1カップ（容量で約237 ml，2分の1パイント）に入る果実数から果実の大きさを次の4段階に分けている．

①極大（Extra large）：1カップに90果以下の大きさ

②大（Large）：90～129果．

③中（Medium）：130～189果．

④小（Small）：190～250果．

2) 等級区分

等級区分では，始めに七つの基本的な基準が挙げられている．

①同一品種である．

②クリーン（clean）である．

③着色が優れている．

④過熟でない．

⑤裂果したり，潰れていない．

⑥果汁がしみ出ていない．

⑦果実が濡れて（wet）いない．

次に，損傷（injury）果実を含まないこととして次の6点を挙げている．

①果軸が着いていない.
②カビていない.
③腐っていない.
④病害果,虫害果でない.
⑤果房が着いていない.
⑥萎縮果,裂果,傷害果,緑色果および障害(damage)果を含まない.

(4) 予冷

収穫果をできるだけ早く低温条件下におくことによって果実品質の低下を抑えることができる.ハドソンとティーエン(Hudson and Tietjen 1981)によると,およそ22〜29℃の温度のほ場から手収穫したノーザンハイブッシュの'ブルータ','ブルークロップ'果実を2℃で予冷したものは,10℃で予冷しなかったものと比べて腐敗が少なくなり,日持ちが著しく良くなっている(表2-22).

(5) 容器と包装

ブルーベリー果実を入れる容器と包装は,流通の段階で果実を保護し,輸送性と日持ち性をよくするために必要である.

1) 容器の種類

日本で広く用いられている容器は,100g入りのプラスチック製のカップ

表2-22 予冷(2℃で2時間)および無予冷(10℃)後21℃においたブルーベリー果実の腐敗率(%)(Hudson and Tietjen 1981)

処理	10℃までの時間	10℃で3日間貯蔵		10℃で3日間貯蔵後21℃に保持			
				24時間		48時間	
		1976年	1977年	1976年	1977年	1976年	1977年
無予冷	24	2.0 a[3]	3.3 a	6.8 b	9.2 c	24.9 c	26.2 d
無予冷	48	3.8 b	4.7 b	15.0 c	17.8 c	32.0 d	32.9 c
予冷 [1]	24	1.9 a	2.7 a	2.6 a	2.6 a	13.6 b	15.9 b
予冷 [1]	48	1.5 a	3.0 a	2.9 a	2.9 a	15.4 b	21.9 c
予冷 [2]	-	0.9 a	1.8 a	1.8 a	2.5 a	2.5 a	7.4 a

[1] 2℃で2時間予冷後,無予冷(10℃)に戻した
[2] 処理期間中2℃で継続した
[3] 異なる英小文字間に5%レベルで有意差があることを示す

（おおよそ，高さは 4.5 cm，上部の直径が 10 cm，底部の直径が 8 cm，側部は編み目状）である．フタにはシールが張られ，果実の絵や出荷団体名が紹介されている．

　海外では，容器とフタが一体となった'クラムシェル型容器'（二枚貝のように開く形）で，メッシュが入ったポリエチレン製のもの（長方形のものは高さが 6.5，上辺は 12.0×10.5，低部は 10.0×8.0 cm）が多い．日本に輸入されているものは，形は同じであるが容量が 125 g 入りになっている．フタの上部には，国名や出荷団体名が記されている．

2）容器の種類と果実品質

　果実重は収穫後の時間の経過とともに減少，いわゆる鮮度が低下する．しかし，容器と包装の種類によっては流通段階における果実重の減少率を少なくすることができる．

　ポリエチレン製と紙製の容器を比較した調査によると，1℃で1週間貯蔵した場合，果実重の減少，可溶性固形物含量およびクエン酸含量は，容器の種類間に有意な差がなかった．しかし，低温の1℃から取り出して 16℃に2日間置いた場合には，ポリエチレン製容器が，紙製のものと比べて果実重の減少率が少なかった（Miller et al. 1993）．

　現在，日本で普及している容器は，多くがポリエチレン製のものである．

(6) 店頭に並んだ果実

　適期に収穫して選果され，予冷された果実が店頭に並んだ時，消費者が重視するのは，萎れや腐敗の有無などの鮮度である．

　流通過程における腐敗は，熟度，収穫時期の早晩によって異なる．バリンガーら（Ballinger et al. 1978）によると，1.1℃で貯蔵した場合，適熟果では腐敗までに 32 日間を要したが，過熟果は 12 日以内に腐敗していた．

　カッペリーニら（Cappellini et al. 1982）は，店頭に並んでいるノーザンハイブッシュ果実の腐敗の状態について調査した．その結果，平均で 15.2％の欠格果が見つかり，そのうち3分の2は菌による腐敗果，残りは過熟果，萎縮果および機械による障害果であった．腐敗の主な菌は，炭そ病菌〔Anthrocnose, *Colletotrichum gloeosporioides* Penz. & Sacc.〕，灰色かび病菌

(Gray mold, *Botrytis cinerea* Pers.: Fr.), アルタナリア菌（Alternaria rot, *Alternaria* sp.）の3種類であった．また，菌の発生部分は90％が果柄痕にみられた．これらの結果は，果柄痕の大小と乾燥の程度が，果実の腐敗および日持ち性などの品質劣化にきわめて密接に関係していることを示している（図2-72）．

また，過熟果および萎縮果は選果（選別）の過程で見過ごされたものも多いと思われるので，消費者の信用維持のためにも選果をより厳密に行うことが重要である．

(7) 貯蔵

1) 低温貯蔵

貯蔵条件のうち温度は，果実の呼吸速度に著しく影響するため，日持ち性，輸送性および貯蔵性を大きく左右する．そのため，貯蔵にあたっては果実温をできるだけ速やかに低下させることが望ましい．

今日，最も普及しているのは差圧通風冷却法である．この方法は，冷蔵庫内の積み出し棚の一方から他方へ圧力をかけて空気を循環させるため，短時間のうちに果実温を低下させることができる．バリンガーら（Ballinger *et al.* 1976）によると，4,000 kg（9,000パイント．パイントボックスに詰めた状態で貯蔵，1ボックスが12個入って1ケース）の果実をこの方法で処理したところ，およそ2時間で果実温度を貯蔵前の27℃から4.4℃の低温まで速やかに下げることができたと報じている．

貯蔵温度は，一般的には，凍結しない範囲内であれば低温であるほどよい．カッペリーニら（Coppellini *et al.* 1972）

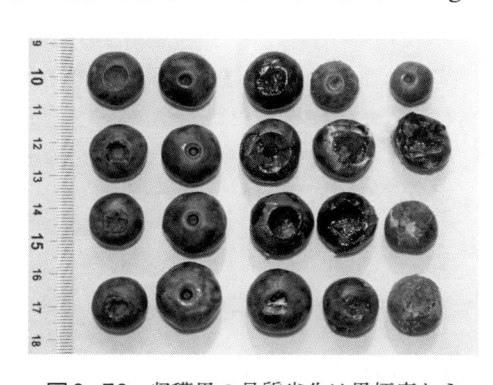

図2-72 収穫果の品質劣化は果柄痕から始まる．とくに未熟果では果柄痕が湿っているため，カビが発生しやすい
左側2列は健全果．右側3列は腐敗果

によると，果実の日持ち性は，貯蔵温度を約1℃まで下げると，10℃の場合の3〜4倍も延びたが，22℃では2〜4日で腐敗し始めた．また，ミラーら（Miller et al. 1984，1988，1993）によると，1℃の低温で貯蔵した場合には，果実の腐敗が少なくなり，日持ち期間が長くなっている．

2）冷凍貯蔵

冷凍果は，収穫果を選果の過程で洗浄した後，-20℃以下の温度で急速冷凍したものである．今日では，果実が1個ずつバラバラになっている．いわゆるIQF（individually quick frozen）によるものが多い．

ブルーベリーを使った各種の加工品は，ほとんどが冷凍果を原料としている．これはブルーベリーが凍結あるいは解凍によっても急激な酸化による変化がおこらず，組織や構造の損失を生じないためといわれる．さらに，冷凍果は温度管理に注意すれば，約10〜12か月，色調や肉質などの変化がきわめて少ないためである．このような特性から，加工品の製造には生果と同じように使用できる（伊藤 1994）．

第11章　整枝・剪定

ブルーベリー樹はブッシュ（そう性）であるため，整枝・剪定は，樹形の骨格をなす主軸枝を更新しながら，樹形を整えることが基本となる．

樹形を整え，樹冠内部にまで日光の投射を良くし，結果過多を防いで樹勢を良好に維持しながら，良品質の果実を，連年，安定して生産するため，整枝・剪定が行なわれる．

1．整枝・剪定の目的

整枝・剪定の目的は樹齢によって異なる（Gough 1994; Pritts and Hancock eds. 1992; Yarborough 2006）．

(1) 幼木時代および若木時代の前半まで

植え付けた年から3年後ころまでの，いわゆる，幼木時代から若木時代の前半までの剪定は，主として，樹冠の骨格となる強いシュート（徒長枝）を

旺盛に伸長させるために行う．具体的には，植え付け後1〜2年間は花芽を全て除去し，果実を結果させない．3年目には結果させるが，結果過多になって樹勢が衰えないよう太い枝および旺盛な枝にのみ結果させ，細い枝および弱い枝上の花房（芽）は摘みとるか枝ごと切除する．

(2) 若木時代の後半から成木時代

植え付け後4年目以降になると，樹形は大きくなり，樹冠内が各種の枝で混雑してくる．一方，花芽の着生が多くなり，結果過多の傾向が強まる．したがって，剪定の目的は栄養成長と生殖成長との均衡をとることである．具体的には，次のような作業があり，効果が得られる．

① 樹高および樹冠を一定の高さ，幅に調節できる．

それによって，収穫作業が容易になり，作業能率が高まる．

② 樹冠内の混雑した枝を除去する．

その結果，樹冠内部にまで日光が投射し，通風が良好になるため，病害虫の発生が少なくなり，果実品質が高まる．

③ 結果過多を調整する．

剪定によって花芽数の多少を調節し，結果過多を調整できる．そのため収量は減少するが，果実は大きくなり品質が向上する．

④ 剪定によって栄養成長と生殖成長との均衡が保たれるため，連年，安定した果実生産ができる．また，樹の成長を調節して経済樹齢を延長させることができる．

剪定が行き届いていないラビットアイ樹，ノーザンハイブッシュ樹の剪定前と剪定後の樹姿を図2-73，74，75に示した．

2．整枝・剪定上の留意点

(1) 枝の呼称と性質

ブルーベリー樹の枝の呼称は，主幹，主枝，亜主枝および側枝といった骨格がはっきりしている高木性果樹とは異なっている（図2-76）（岩垣 1984；Pritts and Hancock eds. 1992）．

岩垣（1984）は，枝の呼称について次のように解説している．

図2-73 剪定が行き届いていない
ブルーベリー樹
・株元から強いシュートが多数発生して樹形が乱れている
・樹高が高過ぎる
・樹冠内部が混みすぎ，枯れ込んでいる

図2-75 ノーザンハイブッシュの
剪定例：剪定後の樹姿

図2-74 ノーザンハイブッシュの
剪定例：選定前の樹姿

Crownは「クラウン」とする．根が主軸枝に移行する部分に集まった根の集合部分である．

Caneは「主軸枝」とする．強いシュート（shoot．株元から伸びた強くて長い若い枝）に由来し，結果枝を着けている枝や，2～3年早く発生してすでに開花・結実し，その株の主体になっている枝，すなわち「主軸枝」である．

Branchは「旧枝」とする．旧枝は主軸枝の少し上がった所や中ほどあたりから伸長している2年生以上の枝であり，比較的太い枝や小枝も含んでいる．旧枝からは花芽を着生する結果枝が伸長する．

シュートはその年の成長期の始

めに伸長して葉を着けている当年生枝で，いわゆる「新梢」であるが，休眠期における状態でみると二つに分けられる．一つは，春になって開花，結実する「結果枝」で，もう一つは株元，主軸枝および旧枝から発生した強いシュート「徒長枝」である．一般的に，新梢の上部節には花芽が，それよりも下位節には葉芽が着生する．

Buds は，図 2-76 では「花芽」を指している．

(2) 剪定の種類

剪定は，枝上の剪定位置によって切り返し剪定と間引き剪定に，また，実施時期によって夏季剪定と冬季剪定の二つに分けられる．

1) 切り返し剪定と間引き剪定

切り返し剪定は旧枝および新梢の途中から先を切除するものであり，新梢の発生を促すために行う．

切り返し剪定では，枝上の花芽および旧枝上から発生している枝の位置に注意する．花芽を完全に除去して新梢の発生を促す場合には葉芽の上で切

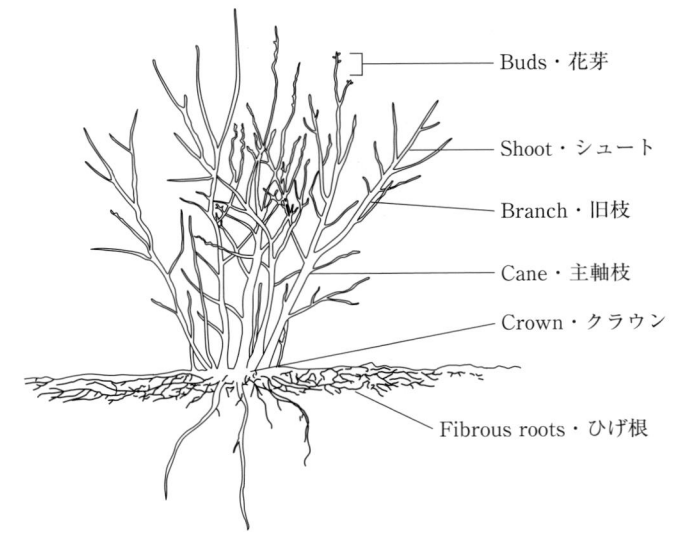

図 2-76 休眠期におけるブルーベリーの樹形と枝の種類
(Pritts and Hancock eds. 1992)

り返す．また，枝を横に広げたい場合には，旧枝から外部方向に伸びている枝の上で切り返すとよく，残した枝の葉芽から新梢が伸長する．

　間引き剪定は，枝が発生している基部から枝全体を取り去るもので，主軸枝の更新や主軸枝上の旧枝，また，旧枝上の枝を間引く場合に行う．切り残し部分がないよう除去することが重要で，切り残し部分があるとそこから望ましくない枝が伸長したり，枯れ込みの原因になったりする．

2）冬季剪定と夏季剪定

　冬季剪定は樹の休眠期間中に行うもので，とくに主軸枝を更新するために行う．剪定の時期は，関東南部では，一般に1～3月中旬ころであり，この時期になると冬季間に障害を受けた枝の確認が容易になる．また，晩秋までに生産された炭水化物が根や枝に転流し，貯蔵される期間が十分に取れる．しかし，北海道，東北および北陸地方における積雪地帯では，冬囲いをしているために本格的な剪定は雪解けが始まってからとなる．

　夏季剪定は，春から夏にかけて伸長した強いシュート（徒長枝）を整理するために行う．収穫後できるだけ早期に，強い新梢を一定の高さに刈り込み（ヘッジング・hedging，あるいはトッピング・topping），また，樹冠内部で混雑している徒長枝を切り返したり，間引いたりして過繁茂を防ぐ．とくに樹勢が旺盛で，樹形が大型になるラビットアイでは不可欠である．

3）剪定の強弱

　剪定の強弱を的確に表現することは難しいが，高木性果樹の場合と同様に，軽い程度の弱剪定，中位程度の適度な剪定，強い程度の強剪定の三つに区分できる．

　最も望ましいのは中位程度の剪定で，優れた果実生産をもたらすとともにシュートの発生が適度になり，生殖生長と栄養生長の均衡が保たれる．

　弱剪定の場合，切り返し剪定では枝に残る葉芽数が多く，間引き剪定では取り去る枝の数が少なくなる．そのため，樹全体としては枝が混み合い，弱くて細い枝が伸長し，主軸枝候補となる強いシュートの発生が不足する．

　強剪定では，除去する枝が多くなるため，樹全体の着生花芽（房）数は少なくなり収量も低下するが，反面，強いシュートの発生がより多くなる．し

たがって，翌年，樹形を整えるために再び強い剪定が必要になる．その結果，栄養生長がますます強くなり，逆に，生殖生長が弱くなって両者の均衡が崩れる．

(3) 剪定の対象となる枝

剪定の対象となる枝は，次のような種類である（Gough 1994; Himelrick et al. 1995; Williamson and Lyrene 1995).

①冬季に障害を受けた枝．
②病気や害虫による被害枝．
③地面に着くように下垂している枝．
④地際部から発生している短くて軟らかい枝．
⑤樹冠の先端部，あるいは外（側）部から極端にはみ出している枝．
⑥樹冠中心部に日光の投射を妨げている混み合い，交叉している枝．
⑦もし必要であれば，古い主軸枝および弱い主軸枝を間引く（普通には1〜2本）．しかし，強いシュートを新しく発生させたい場合には地際部から間引くよりも，基部を少し残して切り戻すとよい．
⑧樹が結果過多の傾向にある場合には，多数の花芽を着けている小さい枝は先端を切り取って花芽数を少なくする．

上の①から⑧までの順序は，剪定の順序としてもよい．

(4) 整枝・剪定と樹性

整枝・剪定は，樹姿，樹勢の強弱および樹形の大小などを考慮して行う．

1) 樹姿

樹姿（樹全体を側面からみた形状）は，直立性，中（半直立性）および開張性の三つに分けられる（図2-77）（志村編著1993).

一般に直立性の品種では樹冠内部の枝が混み合い，開張性の品種では結果枝が下垂する性質が強い．そこで結果面積を広くするため，直立性の品種では枝の伸長を横方向に促してできるだけ開張性になるように，一方，開張性の品種では枝が垂直的に伸長して直立性になるように考慮して剪定する．

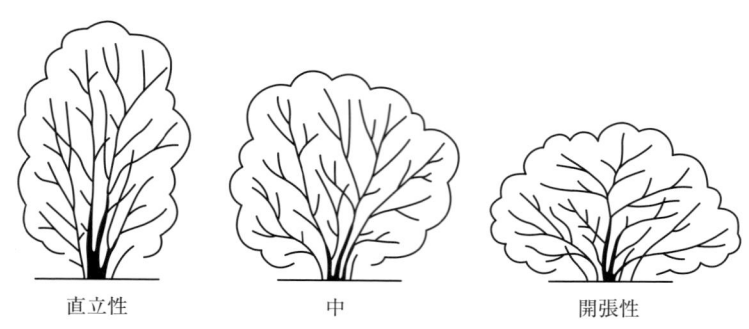

図2-77 ブルーベリーの樹姿（樹全体を側面から見た形状観察）の区分（志村編著 1993）

2）樹勢

　樹勢（新梢伸長の強弱．新梢の長さや太さから，強，中，弱に区分）の強弱は，具体的な剪定の程度と関係している．一般的に，樹勢の弱い品種および樹は栄養生長を刺激するために強めに剪定する．

　一方，樹勢の強い品種および樹では弱めに剪定するとよく，強く剪定すると栄養生長が過ぎて強いシュートの発生が多くなり，逆に花芽の着生および果実収量が少なくなる．

　主軸枝の数と枝齢が適切な樹では，弱めの剪定がよい．

3）樹形

　樹形（樹高と樹冠幅から大，中，小に区分）の大小は，樹冠の大きさを決定する．樹形が大型になる品種は，一般的に樹勢が強いため，剪定は弱めにする．強く剪定すると，新梢伸長が旺盛になりますます大形になる．

(5) 整枝・剪定は毎年行う

　整枝・剪定は毎年行うべきである．数年おきに剪定した場合，主軸枝数が過剰になり，弱い枝や細い枝の発生が多くなり，樹間および樹冠内部で混み合うなど，樹形が大きくなり過ぎて乱雑になる．とくに大きな問題は，剪定した年に伸長した新梢が同じ齢の主軸枝および結果枝になることである．そのため，数年後の同じ年に勢力がそろって弱くなり，連年の安定した果実生産が不可能となる．

3. 整枝，剪定の一例

若木時代から成木樹までの剪定について，アメリカにおける栽培指導書を参考に解説する（Himelrick *et al*. 1995; Williamson and Lyrene 1995）．

(1) 若木時代の剪定

若木時代（苗木の植え付け後5～6年まで）における剪定は，樹冠の骨格をできるだけ早く形成するため，将来の主軸枝となる強いシュートの発生を促すことが基本である．

剪定の種類では冬季剪定が主体となる．

1）植え付け後2年間

植え付けた年と翌年は，新梢および地下部の生長を促すために全ての花芽は取り除き，結果させない．着生花芽数が多い特性を持った品種，たとえば，ノーザンハイブッシュの'ブルークロップ'やサザンハイブッシュの'ミスティー'では結果過多になって樹勢が衰弱するため，摘花（芽）して新梢の発生を促す必要がある．

花芽が着生している枝は，着生している部分から先を切り落とすか，あるいは花芽を手でこすり取る．さらに，地面に着くように伸長している小枝は全て除去する．

2）植え付け後3年目

植え付け後3年目になると，通常，樹高は80～100 cm以上に達して多数の結果枝が出ている．しかし，全部の枝に結果させると樹勢が弱るため，太くて勢力が強い枝にのみ結果させ，細い枝，短い枝，弱い枝の花芽は除去する．結実させる程度は1樹あたり300～500 g以下に抑える．この程度であれば，主軸枝になる強いシュートの発生には支障がない．

枯れ枝，病害虫の被害枝，細い枝，弱い枝，低い位置の小枝などは，植え付け3年目以降，毎年，全てを取り去る．

主軸枝の候補を決めるのは，植え付け3年目からである．樹勢が旺盛で主軸枝になるような強いシュートが株元から2本以上伸長している樹では，最も強勢なものを2本残し（その場合，方向が対になる状況が望ましい），他

のシュートは切除する．主軸枝の候補枝には結果させない．
3）植え付け後4年目

4年目には，主軸枝が5～6本ある状態が望ましい．とくに，伸長方向が偏らず，東西南北の方向にあるとよい．

樹の中央部で混んでいる強いシュートは切除する．また，樹冠内部にまで太陽光線がよく入って通風がよく，管理が便利になるようにするため旧枝の内向枝，下垂枝および吸枝は除去する．残りの強勢なシュートは基部から3分の1～2分の1の位置で切り返して，枝の発生を促す．しかし，主軸枝の先端の花芽は除去して，栄養成長を促す．

4）植え付け後5～6年目

5～6年目の冬期には，品種，土壌の種類および栽培条件にもよるが，一般に，樹高は1.5 m以上に達している．発生位置の低い枝や下垂枝の除去とともに，樹冠から突き出した枝は取り去る．

6年目には主軸枝の更新が必要である．古い主軸枝の1～3本を，地面に近い所で切り返し，強いシュートを伸長させる．

剪定の大筋は4年目とほとんど同じでよい．

(2) 成木時代の剪定

2年生苗を植え付けた場合，6～7年で成木に達する．成木樹は望ましい樹高および樹冠幅となり，樹冠の拡大は終了している．そのため，成木時代の剪定は，果実の生産性と品質，および樹勢との均衡を長年にわたって維持することが基本となる．とくに，主軸枝の更新が重要である．

1）主軸枝の性質

成木樹では異なる齢の主軸枝および候補枝は，一般的に10～20本になっている．しかし，望ましい主軸枝の数は8～10本であり，それ以上では主軸枝間の競合のために収量が劣るようになる．

主軸枝は，枝齢によって新梢の出方が異なる．1年生の主軸枝では枝の上部から発生する新梢が少ないため，2年目に果実を着けることも少ない．しかし，2年生および3年生の主軸枝から勢力のある太くて長い新梢が数多く伸長するため，花芽の着生数が多くなり，また，果実の成長が優れ，良品

質の果実が生産される．

2）主軸枝の更新

　主軸枝や旧枝は5年間ほど経過すると，年を経るごとにそれから発生する新梢の伸長が衰え，勢が弱まる．そのため，それらから発生する新梢は細くて弱く，着生花芽数も少なくなり，また，果実の肥大も著しく劣るようになる．

　5～6年生以上の主軸枝を利用しなくてもよい樹にするためには，毎年，1～2本の古い主軸枝の更新が必要である．たとえば，10本の主軸枝がある場合，毎年，2本の主軸枝を切除すると（20％の更新），全ての主軸枝は5年で更新されることになる．そのため，連年，2本以上の新しい主軸枝候補になる強いシュートが発生する樹に仕立てることが望ましい．

3）その他の枝

　①枯れ枝や病害虫の被害枝は全て除去する．また，樹冠内部で混み合っている細い枝や弱い枝，低い位置の小枝は取り去る．そのような枝ではほとんど例外なく花芽数が少なく，果実も小さい．

　②花芽（房）数が多い枝では葉芽の発育が遅れ，果実が小さくなり，また，翌年伸長する新梢が少なくなる．それを避けるためには，枝を切り返して花芽数を少なくすることが望ましい．長さが30～50 cmで花芽数の多い枝は，4～6花芽残して切り返す．

　③樹冠内部で発生している強いシュートは間引き，樹形を乱すように樹冠外部に伸長している強いシュートは切り返す．

4．古い樹の若返り

　ブルーベリーは，樹齢が20～25年になると，新梢の発生が少なくなって樹勢の維持が困難になる．このような樹の場合，若返り法の一つとして，地上部を35～50 cmの高さで切り返す更新剪定（古い樹の若返り）が勧められる（図2-78）．

　オースチン（Austin 1994）は，更新剪定の方法として三種の方法を示している（図2-79）．一つは，地上部全体を一度に切り返す一挙更新であり，

(148) Ⅱ. 栽培技術

図2-78　一挙更新した例：夏期の後半までに強いシュートが伸長する

強いシュートやサッカーの発生がほとんどみられない樹に行う．二つ目は2年かけて地上部を更新する2分の1刈り込み法，三つ目は3年かけて地上部全体を更新する3分の1刈り込み法で，両者は強いシュートやサッカー（吸枝）の発生がみられる樹に行うことを勧めている．時期は冬期がよい．収量について調べたところ，一挙更新の場合，更新後1～2年間は収量は減少したが一果重は増し，3年目になると収量が回復した．

更新剪定は果実品質が優れた品

上面から（黒点は刈り込んだ主軸枝・強いシュートを示す）

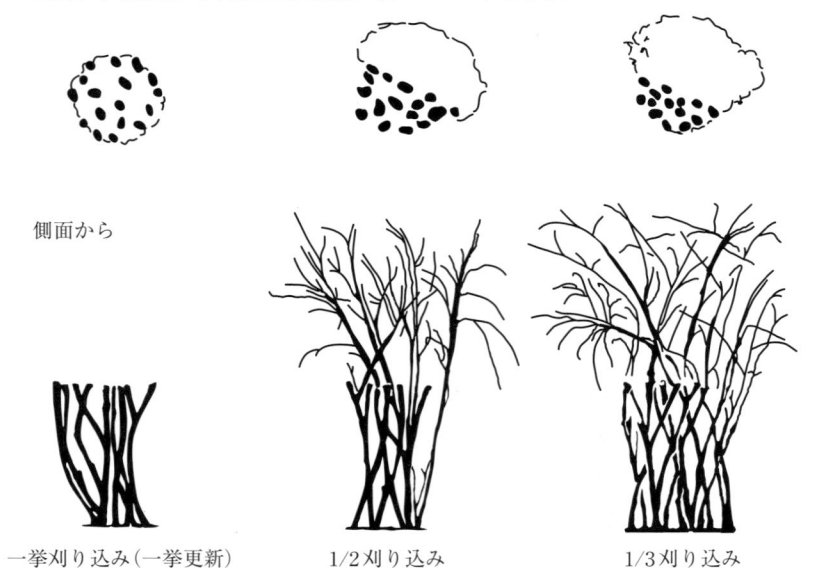

側面から

一挙刈り込み（一挙更新）　　1/2刈り込み　　1/3刈り込み

図2-79　ブルーベリーの更新剪定（刈り込み法）（Austin 1994）

種，あるいは地域の立地条件によく適応した品種の場合に勧められる．

第12章　気象災害と対策

　ブルーベリー樹は，年間をとおして予期しない各種の気象災害に遭遇する機会が多い．気象災害は強風害，雪害，霜害が一般的であるが，年あるいは地域によっては干害がみられる．

1．強風害

　風害の様相は，地形，風の性質，生育時期，防風設備の有無などによって変わる．風害のうちでは台風による被害が大きく，地域および時期にもよるが，落葉，落果，枝梢の折損，樹の倒伏などがみられる．
　台風以外でも突風，局地的強風によって落葉，落果，果実表面の擦り傷などの障害が生じる．
　防風には防風垣，防風ネットなどの設置が勧められる．防風垣の樹種には，マキ，ヒバ，スギなどがよい．
　防風ネットによる方法が最も一般的で，編み目が2〜3 mmのネットを，高さ2 mくらいに，園の外周にめぐらしている（図2-80）．

2．雪害

　雪害は多量の降雪による被害で，機械的雪害と生理的雪害の二つがある．ブルーベリーの雪害はほとんどが機械的なもので，積雪の沈降力によって結果枝および旧枝が折損し，酷い場合には主軸枝も折損する．被害は，北海道か

図2-80　園の周囲には防風ネットを張る

図2-81 降雪量の多い地域では冬囲いが必須である

ら東北，北陸および山陰地方にかけて，また，本州中部でも積雪量が1mを越えるような所で多い（中島1996）．

機械的雪害は剪定によって樹形を整え，また'冬囲い'することで防止できる．剪定では，主軸枝数を4～5本にして，雪の沈降力に耐えられるように太くて強い主軸枝にすることが基本である．'冬囲い'は紅葉時から落葉期までの期間中に行う．まず樹冠内部で混みあっている徒長的な枝を切除した後，樹冠の中央部に支柱をとおし，その支柱に，枝が折れないように注意しながら，樹の基部から先端部に向けて枝を結束する（図2-81）．この場合，支柱は積雪期間中は常に雪上にあることと，縄がずれ落ちないよう上部を強く結束することが重要である（中島1996）．

3．霜害

霜害は，春・秋期に結露をともなった低温に遭遇することによって寒さに弱い樹体部分が凍死したり，生理障害をおこすものである（Lyrene and Williamson 2006）．

霜害には，晩霜害と初霜害の二つがあるが，とくに問題になるのは開花期間中における晩霜害である．晩霜の時期は地域によって，また，年によって異なる（表2-4参照）．

晩霜害の程度は花芽の発育段階によって大きく異なる．スパイアーズ（Spiers 1978）によると，ラビットアイでは，花房が閉じている状態では-15℃の低温でも障害がなく，また，花房が開花にむけて進行中の膨らんで

いる状態では-6℃でも被害がなかった．しかし，リン片が脱落して個々の小花が区別できる段階では-4℃で枯死し，まだ開いてはいないが花房中の小花が明らかに別々になっている段階では-2℃で被害を受けた．完全に開花した花は0℃でも害を受ける．被害を受けた花は茶褐色になって萎れ，やがては枯れるため，樹全体として結果量が少なくなり，収量が減ずる．

わが国のブルーベリー栽培では，霜害対策が特別とられていないが，植え付けに当たっては，晩霜の常習地域を避けることが対策の第一であり，晩霜がしばしばある所では茶の栽培で用いられているような防霜ファンの設置が勧められる．

4．干害

干害は，無降水日数が長く続き，干ばつが発生して作物の成長が阻害され，減収や品質低下がもたらされる被害である．ブルーベリー栽培では，多くの園地が灌水施設を備えているため，通常，干害が問題になることは少ない．そのような園地では，果実の成長期間中の干天は干害ではなく，むしろ良品質の果実生産をもたらす，とさえいわれている．

第13章　病気および害虫の防除

ブルーベリーの枝，葉，花，果実および根は，各種の病気および害虫の被害を少なからず被っている．しかし，日本におけるブルーベリーの病害虫に関する研究は非常に少なく，病害虫の生活史，被害の症状および防除法についてほとんど明らかにされていない．

本章では，アメリカの主要なブルーベリー生産州において被害の多い病害虫のうち，日本の主要な果樹に加害している種と「同属の種」を取り上げ，病害虫名，症状および防除法を述べる．

1．主要な病気

アメリカ・ノースカロライナ州では，ブルーベリーに加害している病気は

比較的多い．それらのうち，主要な果樹に加害している同属の菌による病気を取り上げ，症状および防除法を解説する．

なお，病名は，病原菌名から専門書にあたって調べたもので，同定の結果ではない（Caruso and Ramsdell 1995；Cline et al. 2003；Cline and Schilder 2006；梶原・梅谷ら1986，岸1998；Milholland 1989；Pritts and Hancock eds. 1993）．防除法で挙げた農薬名は（独）農林水産消費安全センターのホームページから検索した（2008年3月）．

(1) 灰色かび病（Gray mold, Botrytis blight）

1）病原菌

Botrytis cinerea．各種果樹にみられる灰色かび病菌と同属である．ブルーベリーでは花，小枝や葉，果実に感染する．

2）症状

開花時期に湿度が高い，あるいは曇天が数日続いた場合に発生が多い．感染した花は褐色になり霜で焼けたような症状をていする．さらには，花は互いにくっつき，埃のような灰色の菌糸で覆われる（図2-82）．

湿潤な天気が長く続くと若い枝あるいは葉に感染し，感染した枝や葉は褐色から黒色に変わり，さらに黄褐色あるいは灰色になり，やがて枯れる．

果実では感染したものがわずかに萎縮してしわが寄り，表面に分生子の固まりをつくって商品性がなくなる．

図2-82 「灰色かび病」とみられる症状

3）防除

まず第一に園地の条件が重要で，霧のかかる場所や空気が停滞する所には植え付けないことである．次に剪定であり，とくに樹冠内部で混雑した枝の除去が重要である．その結果，樹冠内部の通風がよくなり，花の周囲の湿度が低下し，また降水後の乾燥が早

まるため菌の活力が抑制される．
(2) アルタナリアリーフスポットおよびフルーツロット
　　（Alternaria leaf spot and fruit rot）
1) 病原菌

Alternaria tenuissima．リンゴ斑点落葉病，ナシ黒斑病，モモ斑点病と同属の菌．ブルーベリーでは葉と果実に感染する．

2) 症状

リーフスポットは，褐色で丸いあるいは不規則な形を示し，周囲は赤色である．スポットの大きさは湿度によって変化し，多湿条件下では大きく，乾燥状態で小さくなる．

フルーツロット（果実腐敗）は，成熟前の果実に発生するのが特徴で果実の花落ちの部分に暗緑色のカビが発生する．

3) 防除

菌の発育は多湿条件下で促進され，最適温度は果実腐敗で28℃，リーフスポットで20℃くらいである．そのため果実は過熟にならないように注意して収穫し，収穫果は速やかに低温状態にすると菌の発生が抑えられる．

(3) マミーベリー（**Mummy berry**）

1) 病原菌

Monilinia vaccinii-corymbosi．各種果樹の灰星病，およびリンゴのモニリア病と同属の菌．ブルーベリーでは果実と新梢に発生する．

2) 症状

果実腐敗は果実が成熟段階に入り，果色が青色に変化するまで現れない．感染した果実は'マミーベリー'，すなわち白色がかったピンク色あるいはサーモン色をていして，萎びている．

3) 防除

花や葉は分生子によって感染し，新梢は子嚢胞子によって感染する．防除の基本は子嚢胞子の発生を妨げて葉や新梢への感染を防ぐことであるため，地上に落下している果実は除去し，さらに土壌表面の管理は清耕法とし，樹列間を軽く中耕する方法が勧められる．胞子を作る裸子器は地表面下1.5

cmのところで被害果から形成されるが，深さが2.5 cm以下になるとほとんど形成されないためである．

(4) アンスラクノーズフルーツロット (Anthracnose fruit rot)

1) 病原菌

Colletotrichum gloeosporioides. 各種果樹の炭疽病と同属の菌である．ブルーベリーでは果実の他，花，葉，新梢にも感染する．

2) 症状

一般的に，果実の花落ちの部分に感染する．被害は果色が青色に変化する成熟期にみられ，被害果は果頂部が軟らかく，しわになる．

菌の発育には温暖で多湿な条件が適している．

3) 防除

開花期から緑色果までの成長段階で感染しているが，病徴は果実が成熟した段階で発現する．そのため，有効な防除法をとることが難しい．この菌は新梢にも感染するため，枯れ枝の除去は少なからず効果がある．

(5) ボトリオスファエリアステムキャンカー (Botoryosphaeria stem canker)

1) 病原菌

Botryosphaeria corticis. ウメ，ナシおよびブドウなどの枝枯病，リンゴやカキの胴枯病菌と同属である．

2) 症状

比較的温暖な地方での発生が多い．1年生枝のみに感染し，感染後1～2週間のうちに枝上に小さくて赤い部分がつくられ，4～6カ月以内に円錐状になり，その後，枝は萎れる．

品種によって耐性が異なり，弱い品種（とくにノーザンハイブッシュの'ウェイマウス'）では菌が枝の木部に入って生長を続けるため，枝が帯状に感染し，葉はしぼみ，枯れる．一方，耐性の強い品種では菌は枝の表面のみに成育するため，感染部分の表面が盛り上がった症状を示す．

3) 防除

菌は枯死した枝で越冬し，春および初夏の間に胞子を出して感染する．胞子の発芽には25～28℃の高温が適しているため，暖地における被害が多い．

樹冠内部の風通しを良くするために適度の剪定，および枯れ枝の除去が重要である．一般的に，殺菌剤の効果はない．

(6) 根腐れ病（Phytopthora root rot）

1) 病原菌

Phytopthora cinnamom．パイナップル心腐病と同属．

2) 症状

初夏のころに葉の黄化，赤褐色化，時には葉縁が焼けた症状を示す．細根がネクロシスを起すため新梢伸長が不良になって樹は矮化する．根の腐敗がさらに進むとやがて樹全体が枯死する．

3) 防除

水媒伝染性の強い土壌病害のため，排水不良園や過湿土壌で発生しやすい．防除のカギは適土壌条件と適切な水管理にあり，植え付けに当たっては過湿な場所や土壌，あるいは排水不良な場所や土壌は避ける．やや排水不良な土壌に植え付ける場合には，40 cm以上の高畝にし，既植園では畝間に溝を掘って排水を良好にするとよい．

2．主要な害虫

主要な病気の場合と同様に，アメリカ・ノースカロライナ州において加害の多い害虫の種類のうち，日本の主要な果樹にもみられる同属の種を取り上げ，生態・被害および防除法について述べる．

なお，害虫名は，学名から専門書に当たって調べたもので，同定の結果ではない（Cline *et al*. 2003；梶原・梅谷ら 1986；Liburd and Arevalo 2006；Milholland 1989；農林水産消費安全センター 2008；Pritts and Hancock eds. 1993；坂神・工藤 1995；梅谷・岡田 2003）．

(1) コガネムシ類（Scarab beetles）

1) 種類

マメコガネ（Japanese beetle, *Polillia japonica*.）は，リンゴ，ナシ，カキ，ウメなど多くの果樹で重要な害虫である．

2) 生態・被害

成虫の形態は体長9～13 mm, 体は黒緑色で光沢が強い. 幼虫態で土中で越冬し, 翌春, 蛹化して成虫は5～9月にかけて発生するが, 初夏のころに最も多い. 昼間活動性で日中盛んに飛びまわり, 葉や果実を食害する（図2-83）.

3) 防除

コガネムシ類の幼虫の防除には登録農薬のダイアジノン粒剤, スタイナーネマグラセライが使用できる. 成虫は1カ所に数～数十匹固まる集合性が強いため, 捕殺して密度を下げることが勧められる.

(2) ハマキムシ類（Leaf rollers）

1) 種類

葉を巻いたり重ねたり, 二つ折りにする習性のハマキムシ類の種類は非常に多い. 重要な種は, 一化性のミダレカクモンハマキ（Apple tortrix, *Archips fuscocupreanus*）とカクモンハマキ（Apple leafroller, *Archips xylosteanus*）, 多化性のリンゴコカクモンハマキ（Summer fruit tortrix, *Adoxophyes orana*）とトビハマキ（Brown tortrix, *Pandemis heparana*）などである.

2) 生態・被害

一化性のハマキムシは年1回の発生で, 幼虫は春から初夏にかけて出現して葉ばかりでなく花や蕾も食害する. 一方, 多化性の種類は年に数回発生して, 後期の世代の幼虫は果実の表面にも食痕を残す.

3) 防除

ハマキムシ類の幼虫防除には, 登録農薬の生物農薬BT水和剤が使用できる.

(3) ケムシ類（Caterpillars）

1) 種類

ケムシ類の幼虫が葉を食害する. なか

図2-83 「コガネムシ類」

でもマイマイガ（ブランコケムシ．Gypsy moth, *Lymantria dispar*），ドクガ（Oriental tussock moth, *Euproctis subflava*），イラガ（Oriental moth, *Monema flavescens*）の加害が著しい．

2）防除

　若齢幼虫までに防除しないと効果が劣る．登録農薬があり，マイマイガ，ドクガにはCYAP水和剤を，イラガにはBT水和剤を使用できる．しかし開花から成熟までの果実の成長期間が短いため，なるべく捕殺するのがよい．

(4) カイガラムシ類

1）種類

　カイガラムシ類の種は多い．重要な種はロウムシ類（*Caroplastes* spp.），クワシロカイガラムシ（White peach scale, *Pseudaulacapis pentagona*），ナシマルカイガラムシ（San Jose scale, *Comstockaspis perniciosa*），クワコナカイガラムシ（Comstock mealybug, *Pseudococcus comstocki*），フジコナカイガラムシ（Japanese mealybug, *Planococcus kuraunhiae*）などである．いずれの種も樹の表面上に鈍い甲殻のような外見をして固着し，樹液を吸収して葉，果実に分泌物を付ける．

2）防除

　これらの害虫は古い樹や枝，勢力の弱い枝に多く発生するため剪定で除去できる．また，害虫は見付けしだい軍手をはめた手でこすり捕殺するのがよい．登録農薬にはクロルピリホス水和剤がある．

(5) 日本における主要害虫

　大きな被害がみられる害虫について取り上げた．

　なお，害虫名は坂神・工藤（1995），梅谷・岡田（2003）らによる専門書に照らし合わせて付けたもので，同定の結果ではない．

1）オウトウショウジョウバエ（Cherry drosophila, *Drosophila suzukii*）

　ショウジョウバエ科に属し，成虫は体長約3 mm弱で暗褐色である．卵は乳白色．孵化当初の幼虫は白色で小さいために発見が困難である．幼虫は体長約6 mmに達し白色のウジ状である．

　寄主植物は多く，オウトウ，モモ，ブドウ，カキ，クワ，キイチゴ，サク

ラ，グミ，ブルーベリーなどに及ぶ．年間10数回発生する．オウトウでは6～7月ころに2～3回の発生であるが，ブルーベリーでは明らかでない．加害は果実の成熟直前から成熟期間中であり，緑色果にはあまりみられない．成虫は羽化して2～3日後に交尾し，果実に産卵管を挿入して1回1卵ずつ，1果に1～15卵産み付ける．卵の期間は1～3日であり，幼虫は不規則に果実を食害し，4～5日で蛹になる．産卵された果実の発見は大変困難である．

防除は，まず，耕種的な方法を徹底する．取り残しの成熟果あるいは過熟果があると集中的に産卵されて園内の密度が高くなるため，成熟果および過熟果は放任せずに採集し，また，落下している果実は園内に残さないように処分することが重要である．まずはほ場衛生に気をつける．登録農薬にはペルメトリン水和剤，アセタミプリド水和剤がある．

2）ゴマダラカミキリ（Whitespotted longicorn beetle, *Anoplophora malasiaca*）

この害虫は，主にカンキツやリンゴ，ニホンナシに加害している．ブルーベリーでは，とくに主軸枝の被害が多く，被害枝は空洞部から折損する．

幼虫，いわゆる'テッポウムシ'による被害である．幼虫は乳灰色を呈し，老熟すると50 mm以上の大きさになる．年1回または2年に1回の発生で，幼虫越冬で5～6月に羽化する．産卵は地際部から地上部10～20 cmまでのところに多い．孵化した幼虫は表皮下に食入するが，ほとんど被害部は見えない．しかし，2齢になると維管束部に，3齢で木質部に食入して大量の糞を排出するため被害部は容易にわかる（図2-84）．

被害部を見つけたら，孔口（円形）から内部に細い針金を挿入して幼虫を突き刺して殺す方法が最も効果的である．農薬には果樹類登録の天敵糸状菌製剤「バイオリサ・カミキリ」がある．

図2-84 「ゴマダラカミキリ」による加害
孔口から大量に糞が出ている

3）コウモリガ（Swift moss, *Endoclyta excrescens*）

この害虫は，リンゴ，ナシ，モモ，ブドウ，カキ，クリなど多くの果樹に加害する．他の枝幹害虫と異なり，枝の地際を一周して樹皮を環状に食し，その上を木屑と糞を綴って覆うのが特徴である（図2-85）.

ブルーベリーでは，被害が主軸枝に多く，空洞部から折損する．初夏には，まれに，比較的若い幼虫が枝や幼果にも食い入る．被害果は内部が大きく空洞化し，食入孔は糞塊で閉じられる．

図2-85 「コウモリガ」による加害
樹皮を環状に食している

成虫は9～11月に出現し，飛行しながら莫大な数の越冬卵を空中からまき散らすように産む．翌春，ふ化した幼虫は，草本などを食して約1カ月を経過したのち，ヨモギ，イタドリ，アカザ，ヒメジョオンなどの茎に食い込む．この時期に当たる6～7月に枝や幼果に被害がある．8月以降は主軸枝の地際部へ食入する．幼虫態で越冬し，翌年の5月末ころから加害を再開する．登録農薬はない．園地内のヨモギやイタドリなどの除草と株周囲1mほどの除草を徹底すると，かなりの予防効果がある．

4）ミノムシ類（Bagworm moths）

わが国の果樹で多く見られるミノガ類は，オオミノガ（Giant bagworm, *Eumeta japonica*）とチャミノガ（Tea bagworm, *Eumeta minuscula*）の2種である．オオミノガの巣は，35 mm（雄）～50 mm（雌）の大きさの紡錘形で，外側に小枝をあまり付けない．一方，チャミノガの蓑は25～40 mmとオオミノガに比べて小型であり，外側に葉片や小枝を蜜に縦に並べて着け，上方が角張り下方は細まる．

オオミノガの発生は年1回で，越冬は蓑の中で終齢幼虫で行なわれ，3月下旬ごろから活動を開始して加害を続ける．蛹化および羽化の後，6月下旬

ころからふ化が始まる．それ以降，ふ化した幼虫は適当な場所で最初は小円孔をうがって加害するが，成長すると大きな円形の孔の食痕を残す．

チャミノガは年1回の発生で，越冬は初齢幼虫で蓑内で行なわれ，翌年4月ごろから葉や果実に加害し初め，時には樹皮までかじることがある．7月中旬からふ化幼虫が現れ，若齢幼虫は葉の表皮を残して葉肉を食害し落葉前に枝梢に移り巣を固定して越冬に入る．

防除法は捕殺がよく，蓑ごと除去し，圧殺する方法が勧められる．

5）イラガ類

イラガ類の幼虫は葉を食害する．多くの種類の果樹でみられる種は，イラガ（Oreintal moth, *Monema flavescens*），ヒメクロイラガ（*Scopelodes contracta*），ヒロヘリアオイラガ（*Parasa lepida*），アオイラガ（*Parasa consocia*），テングイラガ（*Microleon longipalpis*）などである．いずれの種も年1〜2回発生する．若齢幼虫は葉裏から葉肉を食して表皮を残すが，中齢幼虫以後では葉縁から暴食する．

ブルーベリーでは，幼虫による葉の食害以上に収穫者の人体に及ぼす不快感が問題である．とくに，観光園の場合，顧客が果実を摘み取る際に葉裏に寄生する幼虫の棘毛に触り，しびれるような痛みを感じて不快な思いを強く抱くことである．

ほ場の見廻りを励行し，葉裏の幼虫を見つけ次第，葉（あるいは適当な長さの枝を付けて）ごと取り去り，捕殺する方法が勧められる．登録農薬にはBT水和剤がある．

第14章　鳥獣害と対策

有害鳥獣による被害は，ほとんどの地域でみられ，園によってはきわめて深刻である．とくに，ムクドリやオナガ，ヒヨドリなどによる被害は全国的にみられ，所によってはイノシシやシカによる被害もみられる．

1. 鳥害

　成熟期に達した果実の鳥害は甚大である．主要な害鳥は，カラス，スズメ，ムクドリ，ヒヨドリ，オナガなどである．ヒヨドリ以外は，いずれもほぼ同じ場所に留まり繁殖する留鳥である．

　わずか数種の鳥が相手ではあるが，鳥は賢い（学習能力がある），しつこい（おいしい餌場に執着），付和雷同（群れで生活）である習性を持つためなかなか効果的な対策が打てないのが現状である（江口・三浦ら 2002）．

(1) 鳥害の特徴

　鳥害は果実の成熟時期に集中しているが，被害の様相は鳥の種類によって異なる．比較的大型のヒヨドリやムクドリは果実を持ち逃げして食べ，また，枝にとまって果実を地面に揺すり落とす．一方，大型のカラスは果実を丸ごと食べ，また，果実を地面に揺り落としたり，枝を折る．スズメのような小型の鳥はくちばしや爪で果実をえぐるため，果肉が露出し商品価値が失われる．

(2) 防除法

　ブルーベリー栽培で一般的な鳥害防止法には，網で樹を被覆して鳥を近づけない方法と，視覚刺激による追い払い法とがある．

　防鳥網による方法は，10〜20 mm目の網（ネット）で，2.0 m前後の高さに園全体を覆うもので，最も効果的である（図2-86）．園全体を被服することが困難な場合には，樹上に直接ネットを被せるだけでも，鳥害を少なくすることができる（図2-87）．ネットの被覆期間は果実の収穫期間中とし，その他の時期には取り外す．

　視覚刺激による追い払い法には，ビニール袋，旗，のぼり，風で空中にあがる凧，防鳥テープ，目玉風船，ワシ・タカの模型などを用い，カラスその他の鳥の死体を園につり下げるなどがある．しかし，鳥は学習能力を持っているため，視覚や聴覚の刺激に慣れて忌避行動をとり，食物嫌悪学習が成立する．そのため，これらの追い払い法は，始めのころは効果が見られても急速に'慣れ'が生じ，忌避効果が弱まることが知られている（Pritts and Hancock eds. 1992 ; Pritts 2006).

2. 獣害

野獣のうち，中山間地ではイノシシやシカによる害が発生している．これらの獣は雑食性であり，また学習能力が高い（江口・三浦ら 2002）．

(1) イノシシ

イノシシによる被害は，一般には，樹の根元を掘り返し，樹が倒れたり枯れてしまうことである．とくに，ブルーベリー栽培では，土壌改良および雑草防除のために土壌表面を有機物マルチで被覆していることから，そこに繁殖している昆虫の幼虫，ミミズなどを鼻を使って探し出すことによる．

図2-86　成熟期間中，園全体を防鳥ネットで覆う．収穫後は取り外す

図2-87　樹列にそって防鳥ネットで覆う．収穫は片面ずつ行う

対策法としては，園の周囲を，比較的太い線で作った金網，あるいはトタン板などで，およそ1.0 mの高さに囲う方法をとるのも一例である．その場合，支柱の埋設が重要であり，イノシシが鼻を引っかけても持ち上げられないようにしっかり打ち込んでおく．

(2) シカおよびカモシカ

シカは群れで生活する林縁の生活者といわれ，また，カモシカは単独生活者であり，森林生活者であるといわれる．

被害は，園地により深刻である．多くの農作物の場合と同様に，ほとんどが4月上旬の新芽のころから8月下旬ころまでの果実の成熟（収穫）期間中における食害である．

対策法としては，中古の漁網や合成繊維ネット，遮光ネットなどによる簡易柵（高さは1.5 m，支柱の間隔は2.5 mくらい）で，園の周囲を囲む方法が最も容易であり，比較的安価である．

(3) 野兎

新植園における被害が大きい．植え付け1年目の冬季に，将来の主軸枝候補となる優良な伸長の良い枝（太さが7〜10 mmくらい）が地上部20〜30 cmの高さで，鋭利なナイフで斜めに切断したように切り取られるのが特徴である．被害樹は中心となる主軸枝が欠けた状態になるため，樹冠の形成が1年から数年も遅れることになりかねない．

対策の一例であるが，植え付けた年の冬季に，株の周囲を金網で囲んでも効果がある（図2-88）．植え付け後3〜4年経って，主軸枝の数が増え，太くなってくると被害はほとんどみられない．

図2-88　幼樹を金網で囲っても野兎の食害を防げる

第15章　施設栽培

わが国の多くの地域では，ハイブッシュの成熟期が6月上旬から7月中・下旬まで続き，その時期はちょうど梅雨期にあたる．そこで，梅雨期に特有の曇天，降水，高い空中湿度および土中湿度が果実の風味に及ぼす影響をできるだけ少なくするために，また裂果の発生を抑えるために，成熟期を早め，早期出荷によって有利に販売する方法の一つとして施設栽培が注目されている．

施設栽培は，大別して，加温栽培（促成栽培），無加温栽培，および雨よけ栽培に分けられるが，本章では，とくに鉢栽培による加温栽培について取り上げる．

1．加温栽培の特徴

加温栽培は，成熟期を早めるため，樹の休眠明け後から成熟期間中，施設内で加温して育てるものである．加温期間は，一般に，1月下旬または2月上旬から始め，5月中旬～下旬までである．

（1）施設および内部の設備

施設栽培には，施設（ハウス）の建設のほか，施設内に設置する諸設備が必要である．

ハウスは，鉄骨ハウスとプラスチック資材からなる一般的なものでよい．天井付近の高温を防ぐため，サイドの巻き上げ可能な部分はなるべく高い位置に設け，フイルムは，紫外線ノンカットのものとする．

また，ハウス内には加温機，自動灌水装置，一層から多層のカーテン，換気扇，天窓換気装置などの設置が必要である．これらの設備はハウスの大きさと一体のものであるため，機能性を検討して導入する．

（2）栽培環境

ハウス内では，ブルーベリー樹は日照不足のもとで，主として温度および水分管理のもとに育てられる．

1）日照

　一般に被覆によるハウスの遮光率は30～50％にも達するため，ハウス内は日照不足になりやすいといわれる．日照不足のもとでは，果樹の枝葉は軟弱になり，着花量は不足し，生理落果が増加し，果実は着色不良や糖度の低いものになりやすい（真子 1995）．しかし，ブルーベリー栽培についてはほとんど明らかにされていない．

2）温度

　ハウス内では細やかな変温管理や季節に合わせた温度管理ができる．ブルーベリー栽培においても花蕾の発芽期，果実の発育期および成熟期間中など，樹の成長段階に合わせた温度管理が可能である．しかし，これらの樹の成長段階ごとに適切な温度に関するデータはほとんどなく，そのような温度管理はほとんどなされていない．

3）湿度

　ハウス内は，露地と比べて多湿で推移する．そのため，多湿は花粉の発芽，受精，果実の着色および糖度などに影響を及ぼしていると考えられるが，これらについても実験結果が不足している．

　多湿は病気の発生にも影響する．ブルーベリーでは，花および幼果に灰色かび病の発生がみられるが，被害の程度は軽い．

4）土壌水分

　灌水量の調節で土壌水分は管理できる．土壌水分は，根の養水分吸収と密接に関係しており，とくに，果実肥大期における土壌水分の管理は果実の肥大に大きく影響する．

　多くの果樹では，成熟期間中は灌水を控え，やや乾燥状態に経過させることによって糖度の高い果実が生産できるといわれているが，ブルーベリーについての研究はなされていない．

(3) 樹の特徴

1）休眠覚醒

　加温を開始するに当たって，樹が休眠覚醒していなければならない．休眠覚醒のために必要な低温要求時間はブルーベリーのタイプ，品種および地

域によって異なるが，関東南部では，例年1月下旬ころまでには満たされているようである（玉田 2005）．加温開始時期は1月下旬〜2月上旬ころが勧められる．

2）鉢栽培

ブルーベリーの加温栽培には，鉢栽培が向いている．鉢栽培では，根群の伸長範囲が制限されるため，水分および養分の管理が比較的容易である．また，枝葉の成長に合わせて樹間距離を広げるために鉢を移動できるのも利点である．

鉢は市販のプラスチック製ものでよく，大きさは樹齢や樹形の大小による．数年間，同じ大きさの鉢で育てる場合と，樹齢に合わせて，毎年，大型の鉢に植えかえる場合とがある．

2．加温栽培の一例

ブルーベリーの加温栽培に関する研究は少なく，現在はまだデータの蓄積段階にある．玉田（2005），玉田と大関（Tamada and Ozeki 2006）の実験例から，栽培体系の基礎となる要因について整理し，品種および栽培法について述べる．

（1）品種

加温栽培は，入梅以前に収穫を終えることを目的としているため，品種は，成熟期の早いサザンハイブッシュかノーザンハイブッシュがよい．なかでも低温要求時間の少ない極早生品種から中生品種が勧められる．一方，収穫期間を1カ月以上確保するためには，数品種を導入する必要がある（図2-89）．

図2-89　加温栽培の実験風景．加温栽培に適した品種を選択することが重要

（2）鉢栽培

鉢栽培樹は前もって準備し

図2-90 実験中の鉢植え樹
・地域の畑土，ピートモスおよびもみがらの混合用土を用いた
・チューブ灌水

ておいた3～5年生のものを用いる．鉢の大きさは，3年生樹は8号（直径はおおよそ24 cmくらい）とし，樹齢が1年増すごとに1号づつ鉢を大きくしていく．

用土には，ピートモス：モミガラ：赤玉土をそれぞれ1：1：1の割合で混和したもの，あるいは，それぞれの地域の土壌とピートモス，もみがらを混合（容積比でそれぞれ3：5：2）したものでもよい．いずれの用土でも，酸性で，通気性・通水性および保水性の均衡がとれていることが必須条件である（図2-90）．

(3) 温度管理

自然状態で低温要求量が満たされてから（それぞれの地方における11月～1，2月までの月平均気温から推測できる），ハウス内に搬入し，加温を開始する．

実験ではハウス内に暖房機を設置し，1～2月でも最低温度が10℃以下にならないように設定した．一方，日中の最高温度は35℃以上にならないよう，窓の自動開閉を作動させるなど注意して管理した（表2-23）．しかし，4月になると日中のハウス内の温度は40℃以上になることも稀ではない．温度が40℃以上になっても，それが一時的であり土壌水分が十分である場合には，新梢，葉および果実に外観的な変化はみられなかった．

表2-23 ハウス内の平均気温および鉢内土壌の温度の推移[1]

月/日	室内温度(℃)			鉢内土壌の温度(℃)
	平均	最高	最低	
2/4～10	17.1	25.4	8.8	10.1
11～17	18.7	28.4	8.9	10.3
18～24	19.9	30.8	8.9	16.3
25～02	16.8	24.6	8.9	15.6
3/03～09	19.3	29.7	8.9	14.1
10～16	19.6	29.3	9.8	15.3
17～23	17.1	24.3	9.9	14.3
24～30	20.4	30.5	10.2	15.4
4/31～06	21.4	32.8	10.2	16.3
07～13	24.0	36.4	11.5	19.8
14～20	25.2	36.7	13.6	20.0
21～27	24.0	34.5	13.4	19.0
5/28～04	24.5	35.3	13.7	19.5
05～11	23.1	32.5	13.6	19.2
12～18	24.4	32.6	16.2	21.9
19～25	22.6	30.5	14.7	19.3
26～31	28.3	39.8	16.7	24.0

[1] 2004年における実験
＊加温は2月4日～5月10日までとした
＊＊ハウス内の温度は，10～35℃の範囲内にあるように自動調節したが，実際の管理は困難であった

(4) 灌水および施肥

灌水は鉢ごとの手灌水あるいはチューブ灌水とする．灌水は，1日1回は必要で，10号のポットでは約2 l，もっと大きいポットでは5 l くらいを目安とする．

肥料は，緩効性のIB化成（固形，N-P-Kは10-10-10で，NはIB）を，3月上旬および4月中旬に，それぞれ8号のポットでおよそ10 g程度施用する．

(5) 結実管理

1月下旬～2月上旬に加温を開始すると，2月中下旬ころから開花する．結実率を高めるために，ミツバチを1ハウスに1群導入するのがよい．このミツバチの活動期間は，開花状態が5％（開花初期）から95％（開花終期）の時期までとする．

実験に用いたサザンハイブッシュ18品種の開花は，露地栽培と比べて，およそ30～40日早まった（表2-24）．結果率は，品種間に差が認められたが，露地栽培とほぼ同じかやや高い傾向にあった．

(6) 収穫期および果実品質

成熟期は露地栽培よりも30～40日も早まり，収穫は入梅以前に終わった．50％収穫日は早生品種が5月上旬で早く，比較のために用いたラビットアイ'クライマックス'の50％収穫日は6月上旬となり，供試品種の中では最も遅かった（表2-24）．

果実は，降水による裂果がなく，糖度は高く，風味も良好であった．

（7）加温栽培にあたって

　本試験はきわめて簡単な加温ハウス栽培であったが，それでも初期の目的であった梅雨期前の収穫が達成できた．しかし，原油高の今日，施設への投資コストや燃料などの生産コストなど十分に検討することが重要であり，また無加温ハウス栽培や雨よけ栽培についても詳細な検討が必要と考えられる．

表2-24　加温栽培したサザンハイブッシュブルーベリーの開花，収穫，果実の成長期間，収穫率，収量および品質パラメーター[1] (Tamada and Ozeki 2006)

品種	50％開花日[2]	50％収穫日[2]	果実の成長期間[3]	収穫 1樹当たり小花数[4]	収穫率（％）[5]
ビロキシー	36 fg[8]	104 fg[8]	68	476	86.1
ブラッデン	39 ef	100 ijk	61	587	92.0
ブルーリッジ	35 gh	106 f	71	954	79.7
ケープフェア	31 ij	102 h	71	674	54.0
クーパー	32 i	92 m	60	437	78.7
フローダブルー	41 de	104 fg	63	902	56.4
ジョージアジェム	43 cd	104 fg	61	329	83.3
マグノリア	47 b	113 e	66	883	59.9
ミスティー	35 gh	101 ij	66	472	65.7
オニール	31 ij	104 fg	73	404	75.2
オザークブルー	50 a	125 b	75	237	38.8
ペンダー	50 a	116 c	66	484	79.5
リベイル	45 bc	98 kl	53	91	83.5
サファイア	29 jk	103 gh	74	745	65.4
シャープブルー	27 k	96 l	69	845	73.8
サウスムーン	36 fg	103 gh	67	397	73.6
スター	41 d	114 de	73	903	47.0
サミット	39 ef	119 c	80	1,010	48.8
アーリーブルー *	39 ef	104 fg	65	424	73.1
クライマックス **	43 cd	129 a	86	650	66.3

[1] 加温は2月4日〜5月10日までとした．ハウス内の温度は10〜35℃の範囲内にあるよう自動調節したが，実際の管理は困難であった
[2] 2月4日からの日数．たとえば，ビロキシーの50％開花日36日は暦の上では3月11日，50％収穫日の104日は5月18日である
[3] 50％開花日から50％収穫日までの日数
[4] あらかじめ各品種，20花房について平均小花数を調査しておき，その小花数に樹の花房数をかけて算出
[5] 1樹当たりの小花数に対する1樹当たりの収穫果実の割合

表2-24 加温栽培したサザンハイブッシュブルーベリーの開花，収穫，果実の成長期間，収穫率，収量および品質パラメーター（続き）

品種	1樹当たり収量		品質パラメーター	
	全果数	全果実重(g)	平均1果重[6]	可溶性固形物含量（%）[7]
ビロキシー	410	621.9	1.52 f[z]	12.3 b[z]
ブラッデン	540	610.9	1.13 h	11.6 b
ブルーリッジ	760	1,137.3	1.50 fg	9.7 fghi
ケープフェア	364	614.0	1.69 de	9.3 hi
クーパー	344	649.0	1.89 c	10.6 cdefg
フローダブルー	509	548.4	1.08 h	10.0 efgh
ジョージアジェム	274	479.0	1.75 cd	10.7 cdefg
マグノリア	529	1,163.6	2.20 b	9.3 hi
ミスティー	319	809.5	2.61 a	10.0 efghi
オニール	304	517.5	1.70 de	10.4 defgh
オザークブルー	92	145.3	1.58 fg	9.8 fghi
ペンダー	386	419.1	1.09 h	11.5 bc
リベイル	76	167.9	2.21 b	13.6 a
サファイア	487	724.5	1.49 g	9.0 i
シャープブルー	624	989.0	1.59 ef	10.6 cdefg
サウスムーン	292	653.1	2.24 b	9.5 ghi
スター	424	696.4	1.64 de	10.4 defgh
サミット	493	599.7	1.22 h	10.9 cde
アーリーブルー*	310	458.8	1.48 g	9.5 ghi
クライマックス**	435	667.5	1.53 fg	13.6 a

[6] 全果実重/全果数
[7] 屈折計示度
[8] 異なる英小文字間に5%レベルで有意差がある
*ノーザンハイブッシュ，**ラビットアイ（比較のために用いた）

Ⅲ. 果実品質，保健成分および機能性

第1章　店頭に並んだ果実の品質

　出荷後店頭に並んだ果実は，一般に，食品としての評価に重点が移る．しかし，嗜好性の強い果実類では，品質評価の基準となる要因がきわめて多様であり，消費者による果実の購入あるいは利用段階によってその基準が異なる．

1. 流通過程における果実の傷み

　ブルーベリー果実は，成熟段階，収穫時期の早晩によって，流通過程における傷み（主に腐敗）が異なる．バリンガーら（Ballinger et al. 1978）によると，1.1℃で貯蔵した場合，適熟果は腐敗までに32日間を要したが，過熟果は12日以内に腐敗している．また，カッペリーニら（Cappellini et al. 1982）によると，同一品種でも収穫期間中の後期における収穫果は，前・中期に収穫したものよりも腐敗が多かった．その一因として，後期の収穫果はどうしても過熟傾向になっていると推察している．

　これらの結果は，出荷にあたって，完熟果の収穫，果実の低温貯蔵，過熟果の除去という選果過程における選別が非常に重要であることを示唆している．

2. ブルーベリー果実の品質

　品質とは一般に食品としての性質，品柄の善し悪しの程度を意味している．その要因（指標）は，外観，食味，栄養価，日持ち，貯蔵性，輸送性，安全性などが集約されたものとされている．

　ブルーベリー果実の品質構成要素は，未だ体系化されていない．そこで，

河瀬(1995)の解説を基にして、ブルーベリー果実の品質構成要素の体系化を試みた(表3-1)。品質評価に重要な品質構成要素は、多くの果樹にほぼ共通していると考えられるため、ブルーベリーの特徴である「果実の果柄痕の大小と乾燥程度」および「生体調節機能特性」を加えて、品質構成要素とした。

(1) 生食の場合の品質評価

ブルーベリーは生果および加工品で摂食されるが、両者には品質評価の基準要因とその重要度に多少の相違がある。生食の場合の品質評価は、消費者が果実を購入する段階と食する段階によって大きく異なる。

購入時における品質の判断基準は、果実の大きさ、果形、果面、果色、病害虫などによる外傷の程度、熟度や鮮度などの外部形態などの要因と包装

表3-1 ブルーベリー果実の品質構成要素(河瀬 1995、一部修正)

品質構成要素	項目	細項目
(1) 嗜好特性	(a) 形状	大きさ(果重)、果形、果面(外傷を含む)、熟度、鮮度等
	(b) 色	果皮色(着色歩合を含む)、果肉色等
	(c) 味	甘味、酸味、糖酸比、うま味、苦み、渋み等
	(d) 香り	芳香成分(果皮、果肉)
	(e) 皮質	厚さ、堅さ、果柄痕の大小と乾燥の程度[1]等
	(f) 肉質	はぎれ、果汁、粘性、種子等
(2) 栄養特性	(a) 主要成分	水分、炭水化物(糖を含む)、タンパク質、脂質、繊維等
	(b) 微量成分	ビタミン、ミネラル等
	(c) 特殊成分	アミノ酸、有機酸等
(3) 安全性	残留薬剤成分	有害物質の付着、含有
(4) 生体調節機能特性[1]	(a) 果実の生理的機能性	アントシアニン色素、食物繊維、微量要素等
	(b) エキスの生理活性機能	
(5) 流通特性	(a) 利便性	形状等の揃い
	(b) 輸送性	物理的強度、包装の難易等
	(c) 日持ち性	形質の変化速度
(6) 加工特性	用途別に対応	ジュース、缶詰、果実酒、漬物、乾物、ジャム等

[1]「果柄痕の大小と乾燥の程度」、「生体調節機能特性」は、著者が加えた

単位である1パック内の果実の揃いである.

購入後,実際に食べる段階では,嗜好特性のうちでも果皮や肉質,多汁性,種子数など,ならびに風味成分の要因である香り,甘味,うま味などが主な基準となる.

さらに,消費者が健康を強く意識して食べる場合には,無機質(ミネラル)ビタミン類,アントシアニン色素(着色の程度から判断)などの栄養特性および生体調節機能が重視される.

(2) 加工品の場合

ブルーベリーはジャムやジュース,ワインなどの原料となる他,乾燥果,冷凍果として利用されている.このような加工用としての果実品質は,生食の場合とは異なる要因が品質評価の判断基準となり,糖含量,酸含量,果色,硬度,肉質,多汁性および香気成分などが主な要因となる.

第2章　ブルーベリーの保健成分

果実に求められる栄養成分は,一般に,無機質,ビタミン類,繊維質などである.ブルーベリーには,無機質の亜鉛とマンガン,ビタミン類のビタミンCとビタミンE,加えて食物繊維が多く含まれている.

丸ごと食べるのがブルーベリー果実の基本である.そのため,廃棄率はゼロであり,果実の風味を楽しみながら,果実が含有している保健成分および機能性成分をそのまま摂食できる.

1. 果実の栄養成分

食品の働きは,今日では,一次機能(エネルギー供給源としての栄養機能),二次機能(味や香り,色などおいしさを満足させる感覚機能),および三次機能(生体調節機能)の三つから評価される.

食品の栄養機能に当たるブルーベリーの基礎成分,無機質およびビタミン類の含有量について表3-2に示した.

なお,本文中で述べた各種成分の生理特性は,第六次改定日本人の栄養所

表 3-2 ブルーベリーおよびビルベリー果実の特徴的な栄養成分
（可食部100 g当たりの成分値）

成分および単位			栽培ブルーベリー[1]（ハイブッシュ，ラビットアイ）の生果	ローブッシュブルーベリー（野生ブルーベリー）の凍果[2]	ビルベリー（ヨーロッパの自生種）[3]
廃棄率		%	0	0	0
エネルギー		Kcal	49～66.1	51	-
基礎成分	水　分	g	81.58～86.4	86.59	-
	炭水化物	g	12.9～17.78	12.17	-
無機質	鉄	mg	0.17～0.22	0.18	-
	亜鉛	μg	93.4～110.0	132	-
	銅	μg	38.30～61.0	33	-
	マンガン	μg	260～282	147	-
ビタミン	A．カロチン	μg	14.5～55.05	-	30.0
	E効力	mg	1.59～1.70	-	-
	B_1	mg	0.030～0.048	0.032	0.030
	B_2	mg	0.030～0.052	0.037	0.030
	葉　酸	μg	6.43～14.1	6.7	6.0
	C	mg	9.0～16.7	2.5	17.0
食物繊維	水溶性	g	0.39～0.50	-	-
	不溶性	g	2.80～3.74	3.19	-
	総量	g	3.30～4.13	-	2.50

[1] 香川 監修 2005；日本ブルーベリー協会 1995；玉田 2002
[2] USDA human nutrition information service 1982
[3] Kalt 2001

要量，食事摂取基準（健康・栄養情報研究会 1999），健康・栄養食品アドバイザリースタッフ・テキストブック（国立健康・栄養研究所監修 2003）およびフリーラジカルと疾病予防（日本栄養・食料学会監修 1997）から引用した．

(1) 廃棄率ゼロ

　今日，消費者の果物離れの理由の一つとして，果皮を剥ぐのが面倒であることが挙げられている．栽培ブルーベリーは，丸ごと食べるため果皮を剥く必要はなく，また食べられない果芯部や種子が残らない，いわゆる，廃棄率ゼロの果実である．

(2) エネルギー

ブルーベリーは廃棄率ゼロではあるが,エネルギーが決して高い訳ではない.栽培ブルーベリーのエネルギーは,49〜66.1 kcal/100 gで,スナック菓子類のおよそ7分の1から11分の1である.

(3) 無機質

果実に求められる栄養成分の一つは無機質である.ブルーベリーには,とくに亜鉛とマンガンが多い.

1) 亜鉛

亜鉛含量は,93〜110 μg(100 g中)である.亜鉛は酵素類と緩く結びついて,その安定化・活性化に関与し,とくに,核酸代謝ではDNA合成を支配している.亜鉛の欠乏により成長障害,食欲不振,皮疹,創傷治癒障害,味覚障害,精神障害(うつ状態),免疫能低下,催奇性,生殖能異常などをきたすことが知られている.

亜鉛の所要量は,成人(30〜49才)の男子で1日12 mg,女子で10 mgである.日本人の亜鉛摂取は穀類が中心であるといわれるが,ブルーベリーを食した場合(1日100 g),所要量の0.8〜1.0%を摂取できることになる.

2) マンガン

マンガン含量は260〜282 μg(100 g中)で,果実の種類全体でみても多い方である.マンガンは亜鉛とともに活性酸素の活性を抑制する生体内酵素・スーパーオキシドジスムダーゼ(SOD)の構成成分であるため,様々な酵素の非特異的な補因子として種々の生化学反応に関与している.不足すると骨代謝,糖脂質代謝,血液凝固能,皮膚の代謝などに影響を及ぼすとされている.

マンガンの摂取基準は,成人(30〜49才)の男子で1日,4.0 mg,女子で3.5 mgである.したがって,ブルーベリーを1日に100 g食した場合にはマンガン所要量の6.5〜7.4%が摂取できることになる.

(4) ビタミン類

ビタミンはヒトの生体内ではほとんど合成できない.健康を維持するためには,適正量のビタミンの摂取が必要である.

ブルーベリー果実に含まれるビタミン類は，他種類の果実と比較して種類的にも量的にも特別多くはないが，「抗酸化ビタミン」といわれるビタミンEとビタミンCが比較的多く含まれている．

1）ビタミンE

ブルーベリーのビタミンE含量は1.59〜1.7 mgである．このビタミンEは広く生体膜脂質に存在し，リポたんぱく質によって各組織に運搬され，抗酸化力により，主として不飽和脂肪酸の過酸化を抑制している．通常の生活では，ビタミンEの欠乏症や過剰症は認められていないが，抗酸化ビタミンといわれるように糖尿病，虚血性心疾患，動脈硬化，白内障，アルツハイマー病などの生活習慣病や老化と関連する疾患に対して予防効果の高いことが明らかにされている．

ビタミンE摂取基準に示されている所要量は，成人（30〜49才）の女子，1日8 mg（α-トコフェロール　当量）である．一般にビタミンEは植物油から摂取されるが，ブルーベリーを1日100 g食べることでビタミンE所要量の20〜22％が満たされる．

なお，ビタミンEの摂取にあたっては，同時にビタミンCを摂取することが勧められている．

2）ビタミンC

ブルーベリーのビタミンC含量は，9.0〜16.7 mgである．

ビタミンCの生理作用は抗壊血病作用に留まらず，発がん性物質ニトロソアミンの生成抑制効果が高く，鉄の吸収促進作用があり，白内障の予防，さらに，がんの予防効果が高い．そのため，生活習慣病を予防する視点からビタミンCの摂取が不足しないように注意が必要であるとされている．

ビタミンCは水溶性であるため，多くの野菜類では調理によって失われるが，生で摂食する果実は，ブルーベリーも含めてビタミンCの供給源として優れている．

(5) 食物繊維

ブルーベリー果実には食物繊維が多量に含まれ，総量は3.30〜4.13％である．食物繊維にはセルロース，ヘミセルロース，リグニン，キチンなど

の不溶性のものと，ペクチン，植物ガムなどの水溶性のものとがあり，それぞれ健康に及ぼす影響や生理機能が異なる．一般に，不溶性食物繊維は糞便量を増やすなど腸の生理作用を促進し便秘の解消に効果が大きく，水溶性のものは小腸において他の栄養素の消化・吸収を抑制したり阻止する効果が大きいため，それによって血中コレステロールの低下や血糖値の改善などに効果があるとされている．

食物繊維は，日常の食生活の中で努力して摂取しなければ不足がちになるといわれる．食物繊維の目標摂取量は，成人（30～39才　性別はない）で1日20～25 g（10 g/1,000 kcal）とされている．ブルーベリー果実を摂食（100 g）すると，先に挙げた目標値の13～21％が摂取できる．

2．ブルーベリーの糖，有機酸およびアミノ酸

ブルーベリーは，ほのかな香りと，甘酸っぱい風味が特徴である．その風味は，果実中の糖および酸の種類と量，および比率によっている．

なお，これらの成分については，「Ⅱ．栽培技術　第9章　果実の成長および成熟」でも取り上げた．

(1) 糖

ブルーベリー成熟果の甘さを示す糖は，主に果糖（フルクトース）とブドウ糖（グルコース）で，全糖に対して90％以上を占めている．また，果糖とブドウ糖の比率はほぼ一定比（1～1.2）である（伊藤 1994）．

糖含量の多少は品種特性であるが，同一品種でも成熟段階によって異なる．糖含量および糖度（屈折形示度）は未熟果で低く，成熟段階の進行とともに高くなり，完熟果で最も高くなる．一方，酸含量は成熟段階の進行とともに低下するため，糖酸比（全糖／クエン酸比）が高くなり，品種固有の風味を醸し出す．

(2) 有機酸

有機酸の種類は，糖の場合と同様に品種特性である．ノーザンハイブッシュの成熟果の有機酸は平均して1％前後である．有機酸はクエン酸が83～93％を占め，少量のキナ酸とリンゴ酸が含まれる（伊藤 1994）．

ラビットアイの場合はコハク酸が最も多く（全体の50%），次いでリンゴ酸（約34%）で，クエン酸は少ない（約10%）（Elenfeledt et al. 1994）．
一般的に有機酸含量は未熟果が成熟果よりも高く，成熟につれて減少する．

(3) アミノ酸

USDAの資料によると，ブルーベリー（ノーザンハイブッシュおよびラビットアイの混合果実）には18種のアミノ酸が含まれている（USDA 1984）．必須アミノ酸と必須アミノ酸に準ずるものが全て含まれており，それらについて含有量の多いものから順に示すと，ロイシン（0.040 g），バリン（0.028 g），フェニルアラニン（0.024 g），イソロイシン（0.021 g），スレオニン（0.018 g），リジン（0.012 g），メチオニン（0.011 g），ヒスチジン（0.010 g），チロシン（0.008 g），シスチン（0.007 g），トリプトファン（0.003 g）である．

第3章　果実の機能性

成熟したブルーベリーは，「小粒で，濃い青色に象徴されるアントシアニン色素と甘ずっぱい糖，酸の味，やや粘性を示すペクチン，ほのかな香り」が特徴である．その上，ブルーベリーには，各種生活習慣病の予防効果が期待されている高い抗酸化作用のあるポリフェノールが多い．

本章では，始めに，アントシアニン色素の機能性研究の原点となったビルベリーについて取り上げ，次にブルーベリーの機能性について述べる．

1. ブルーベリーの果色はアントシアニン色素

アントシアニン色素の機能性研究は，ヨーロッパの自生種であるビルベリーから始まり，「眼にいい」効果が明らかにされてきた．その効果の主因は，ビルベリーが含有する15種類のアントシアニンにあった（Kalt and Dufour 1997；Kalt 2001；Morazzoni 1998；中山・草野 1990〜1991）．

(1) 15種類のアントシアニン色素は共通

ビルベリーのアントシアニン色素が「眼にいい」効果が明らかになったこ

とが契機となり，ブルーベリーのタイプおよびクロマメノキの果実色素についても研究が始まった．その結果，ブルーベリーとクロマメノキの果実にも，ビルベリーと同様に15種類のアントシアニン色素が含まれていることが明らかになった（中村1997；佐々木1995；津志田1997）．

　ビルベリー，ブルーベリーおよびクロマメノキの三者の果実に含まれる15種類のアントシアニン色素は，5つのアントシアニジン（シアニジン，デルフィニジン，マルビジン，ベツニジン，ペオニジン）（図3-1）に，3つの糖（グルコース，ガラクトース，アラビノース）がそれぞれ一つずつ結合したものである．したがって，このような結果が，ビルベリーの「眼にいい」効果は，ブルーベリーが現わす特徴として高く評価され，一般に知られるようになったのである．

(2) 果色の相違

　ブルーベリー，ビルベリー，クロマメノキの成熟果は，共通して15種類のアントシアニン色素を含むが，果色は微妙に異なる．これは，アントシアニン色素の構成成分と含量が異なるためである．ブルーベリーとクロマメノキの果実にはマルビジンが最も多く，次いでデルフィニジン系が多い．

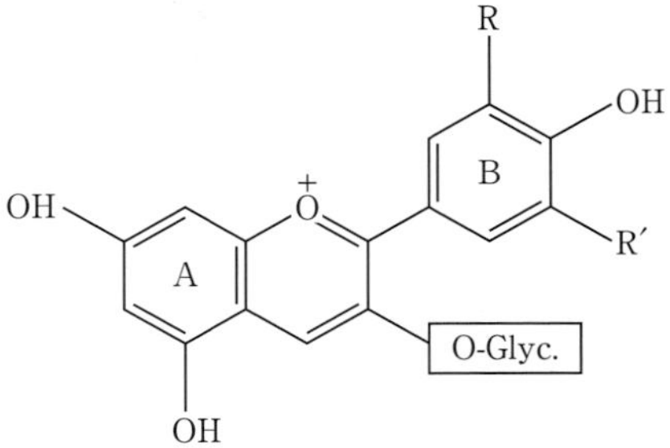

アントシアニジン（Anthocyanidin）	R	R′
シアニジン（Cyanidin）	OH	H
デルフィニジン（Delphenidin）	OH	OH
マルビジン（Malvidin）	OCH_3	OCH_3
ペオニジン（Peonidin）	OCH_3	H
ペツニジン（Petunidin）	OH	OCH_3

図3-1　アントシアニジンの構造（Kalt and Defour 1997）

一方，ビルベリーではデルフィニジン系が最も多く，次いでシアニジン系が多い（表3-3）．このようなことから三者の果皮色は色調が異なるが，ブルーベリーの品種間でもその相違がみられるので，品種による果皮色の相違が生ずることになる．

(3) アントシアニン含量

果実中のアントシアニン含量は，ビルベリーが最も多い（表3-4）．これ

表3-3 ビルベリー，ローブッシュおよびラビットアイブルーベリー果実のアントシアニン色素の構成割合（クロマドグラフ上の百分率%）（佐々木 1995）

アントシアニン色素	ビルベリー	ローブッシュルーベリー	ラビットアイブルーベリー		日本の野生種'クロマメノキ'
			'ティフブルー'	'ウッダード'	
デルフィニジン系	38.7	25.7	26.8	26.5	29.8
シアニジン系	28.8	5.3	17.2	7.5	1.7
ペツニジン系	14.9	16.5	16.9	17.2	14.8
ペオニジン系	4.4	3.6	5.5	1.8	1.4
マルビジン系	13.2	50.2	33.6	47	52.3

表3-4 ブルーベリーおよびビルベリー（ヨーロッパの自生種）果実の抗酸化力，アントシアニン，フェノール類およびビタミンC含量の比較（Prior et al. 1998）

ブルーベリーのタイプ[1]		抗酸化力（μmolトロロックス/g）	全アントシアニン[2] (mg/100 g)	全フェノール類[3] (mg/100 g)	全アントシアニン/全フェノール類 (mg/mg)	ビタミンC (mg/100 g)
栽培ブルーベリー	NHbの平均	24.0 ± 0.7	129.2 ± 3.2	260.9 ± 6.9	0.494 ± 0.02	10.2 ± 0.27
	SHbの平均	28.5 ± 4.0	123.8 ± 17.6	347 ± 38.2	0.358 ± 0.04	7.2 ± 1.5
	Rbの平均	25.0 ± 2.7	123.9 ± 4.2	339.7 ± 14.6	0.370 ± 0.06	8.4 ± 0.21
ローブッシュブルーベリーの平均		36.4 ± 3.6	148.2 ± 21.0	398 ± 39.6	0.367 ± 0.03	5.5 ± 1.5
ビルベリーの平均[4]		44.6 ± 2.3	299.6 ± 12.9	525 ± 5.0	0.571	1.3 ± 0.1

[1] NHb（ノーザンハイブッシュ）は8品種，SHb（サザンハイブッシュ）は5品種，Rb（ラビットアイ）は4品種，ローブッシュブルーベリーは3品種および2地点の平均
[2] シアニジン-3-グリコシド相当量
[3] 没食子酸として
[4] Ehlenfeldt and Prior 2001

は，アントシアニンがブルーベリーでは果皮にのみ含まれるが，ビルベリーでは果皮から果肉にまで含まれているためである（図3-2）．また，ビルベリーは果実が小さいため，単位重量当たりの果数が多くなることにもよる．

2．ビルベリーの機能性

ビルベリーは，スカンジナビア半島から北ヨーロッパ諸国に広く分布し，果実や葉は古くから食され，慣習的な民間薬としても利用されてきた．しかし，機能性研究の発端は第2次世界大戦中のイギリス空軍パイロットによる「明け方の攻撃で，薄明かりの中でも物がはっきり見えた」との証言であった．そのパイロットは，ビルベリージャムが大好きで，パンにビルベリージャムを大量につけて食べていた．この話にイタリアとフランスの研究者が興味を持ち，研究が開始された．その結果，ビルベリーのアントシアニン色素に眼の働きを良くする，いわゆる「眼にいい」機能のあることが判明した（伊藤 1998）．

図3-2 ブルーベリーおよびビルベリー果実の断面
・左側2列がハイブッシュ：アントシアニン色素は果皮にのみ含まれる
・右側2列がビルベリー：アントシアニン色素は果皮および果肉に含まれる

(1) ビルベリーのアントシアニン

ビルベリーのアントシアニンは，その学名（*Vaccinium myrtillus*）と色素名（Anthocyanoside）の頭文字をとって，別名，VMAと呼ばれる．

抽出されたVMAの研究・開発，眼科領域，生理・薬理研究の結果，次のような効果が確認された（伊藤 1997，1998；Kalt and Dufour 1997；大庭ら 2000：Morazzoni 1998；中山・草野 1990～1991）．

1)「眼にいい」機能

1976年，イタリアではVMAを用いた眼科領域の医薬品が開発され，そ

れ以降も多分野にわたる研究が進められている．VMAを高濃度に含有するエキス製剤は，ヨーロッパでは医薬品として認可されているが，アメリカおよび日本ではサプリメントとして扱われる．

a．視覚機能改善作用

　ヒトの眼の網膜にはロドプシンという紫色色素体があり，ロドプシンは光が当たるとその刺激によってオプシンとレチナールという物質に分解され，この信号が脳に伝達されて物が見えると感ずる仕組みになっている．VAMは，オプシンとレチナールを元のロドプシンに再合成する作用に関係している．さらに，VAMの摂取によって夜間の視力が向上し，弱い光条件下では視力のより早い順応を促進し，さらには眩しい光に晒された後の視力回復時間が短くなることなどが報告されている．

b．眼精疲労改善作用

　ロドプシンの分解，再合成は非常に早い速度で進行するが，ビデオデスプレイ，パソコンの操作，車の運転などで長時間眼を酷使する過度の光刺激によってロドプシンが不足し，再生速度が遅くなって視野が狭くなり，眼性疲労が進む．

　VAMはロドプシンの再合成に関する酵素活性を促進するため，VAMを摂取することによって眼精疲労が改善される．

c．糖尿病性網膜症の治療に有効

　糖尿病性網膜症は，糖尿病による高血糖状態が長期間にわたって続いた結果，網膜の微細な血管に障害のおこることが原因とされている．これに対して，VMAエキス製剤を6カ月間投与したとろ，網膜障害が改善された．

d．老人性白内障の進行抑制

　軽度の老人性白内障を持つ患者に，VMAエキスを4カ月間投与したところ，レンズの濁りの進行抑制が認められた．

2）生理および薬理機能

　多くの生理および薬理機能が報じられている．

a．血小板凝固保護作用

　VAMは血小板の凝固を抑制するため，血管内で血小板が凝固することで

引き起こされる血栓病の予防，また，動脈硬化の予防効果がある．
b. 毛細血管保護作用

VAMは，毛細血管の透過性を抑制する．また，ビタミンP様機能があるため，毛細血管の脆弱性を低下させ，内出血のリスクを低減する．

c. 結合組織の強化作用

コラーゲン（腱，じん帯，軟骨部などの組織を維持する身体のタンパク質）を基質とした結合組織である軟骨部，腱などを強化する．また，炎症中，コラーゲンを破壊する酵素の働きを阻害し，コラーゲンの合成を刺激する．

d. 尿路感染症の治療

VAMは，尿路感染症の原因となる病原菌が膀胱，尿管の膜壁に付着することを防ぐ．そのため，細菌コロニーの増殖を抑えて，感染を少なくする，いわゆる，抗粘着性（anti-adhesion）の働きをする．

e. 抗潰瘍作用

潰瘍モルモットを使った実験で，抗潰瘍作用が認められている．

3. ブルーベリーの強い抗酸化作用

今日，食生活との関連で，がん，糖尿病，動脈硬化などの，いわゆる「生活習慣病」の予防が国民的課題になっている．このような生活習慣病は，抗酸化作用の強い食品によって予防できることが明らかにされている．

ブルーベリーが強い抗酸化作用を持っていることは，1997年，USDA人間栄養研究センターの研究によって明らかになった（Prior 1998）．アメリカ産果実および野菜を合わせて43種（いずれも生鮮物）の抗酸化作用についてORAC法（Oxygen Radical Absorbing Capacity．酸素ラジカル消去能の測定）で調べたところ，ブルーベリーが最も高かった（図3-3）．

主に動物実験の結果であるが，今日，明らかにされつつあるブルーベリーの機能性は，おおよそ次のようにまとめられる（Joseph *et al*. 1999；Kalt and Dufour 1997；Kalt *et al*. 2001；Kalt 2002；Prior 1998）．

(1) ポリフェノール

ブルーベリーのポリフェノール類は，主に，アントシアニン（30〜40%），

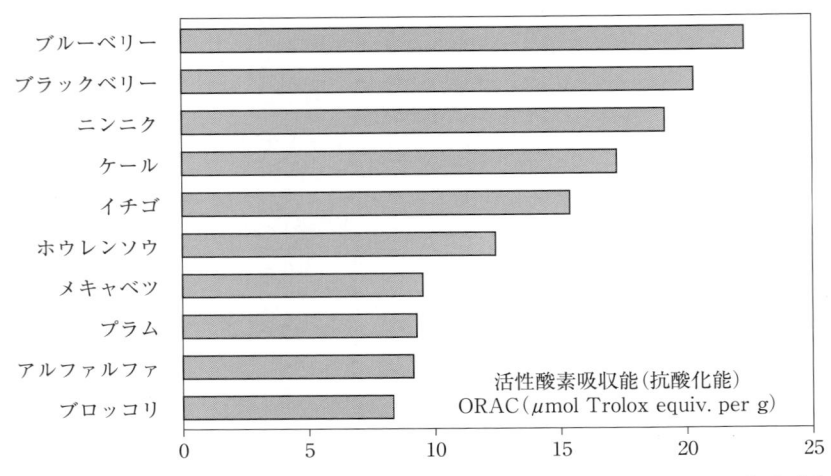

図3-3 アメリカ産果実および野菜43種のうち，抗酸化作用が強いトップ10（新鮮重1g当たりの抗酸化能）（Prior 1998）

クロロゲン酸（30％），プロアントシアニジン（20％）が主構成成分であるが，その他にフラボノール配糖体（5％）およびカテキン・その他（5％）が含まれている．いずれも，強い抗酸化作用を持っており，多くの生理的な機能性が期待されている．

(2) 抗発がん性

ブルーベリーの主要なポリフェノールの一つであるプロアントシアニジンは抗発がん性で，がん細胞が急速に増殖する性質を持った酵素作用を制御する働きを持っている．比較的新しい研究によると，ブルーベリーは抗発がん物質といわれるレスベラトロール（Resveratrol）も含んでいることが明らかになった．

(3) 心疾患-アテローム性動脈硬化

アテローム性動脈硬化は，コレステロールが動脈壁内面に沈着し，アテローム（atheroma，粉瘤）ができるもので，脳動脈，冠状動脈などに生じやすい．アテロームが脳動脈に形成されれば脳動脈硬化によって脳梗塞の原因となり，冠状動脈硬化によって心筋梗塞の原因となる．このようなアテローム性動脈硬化は，ブルーベリーの摂食によって抑制できることが報告

されている.

カルト（Kalt 2002）およびメインランド（Mainlannd 2005）の紹介によると，ラットにブルーベリーエキスを添加した食餌で6週間飼育し，まず人工的に脳虚血発作を引き起こさせ，その後に高酸素療法を施して虚血障害を進行させたところ，虚血発作後の脳の海馬（一過性記憶と空間認識をつかさどる）の神経細胞に壊死が認められた．しかし，ブルーベリーを添加した食餌では，神経細胞の壊死が大幅に抑制されていた．このようなブルーベリーの効果は，ブルーベリーの抗酸化作用が大きく関わり，また，ポリフェノールの抗炎症作用の影響によるものであったと推察している.

(4) 老化の遅延（予防）

老化の遅延（予防）効果も注目されている．これは，今日，高齢化社会になって，単に平均余命を延ばすだけでなく，生活の質を維持し，生きがいのある人生を送ることこそが重要であるとの認識によっている.

ブルーベリーによって，老化によって引き起こされる各種の生理機能を回復することが，動物実験で明らかにされている.

ジョセフら（Joseph *et al*. 1999）は，人間の70才くらいに相当する19ヵ月齢のラットに，8週間，同じORACレベルに調整したブルーベリー，ホウレンソウ，イチゴのエキスを添加した食餌を与え，21ヵ月齢で，老化による脳の機能について実験している.

実験の内容は，大きくは三つであった．一つは運動能力の調査で，棒上歩行（静止した棒上で体のバランスを取るもの）による神経と平行器官の健全性を，ローターロッド試験（回転して除々に加速する回転軸の上で，ラットが立ったり，歩いたりすることを維持できる時間を測定）によって運動調整能力，体のバランスおよび疲労に対する耐久力を調べた．二つ目は認知機能（記憶機能）の調査で，水面から2 cm下に置かれた隠れた足場を探させるモリス水迷路行動試験で，空間の学習や記憶を測定した．三つ目は，実験後，脳を開いて脳の状態を示す神経細胞機能を調査した.

その結果，ホウレンソウおよびイチゴを与えた区と比較して，ブルーベリーを与えた区のラットでは，老化に伴って機能が低下している脳神経細

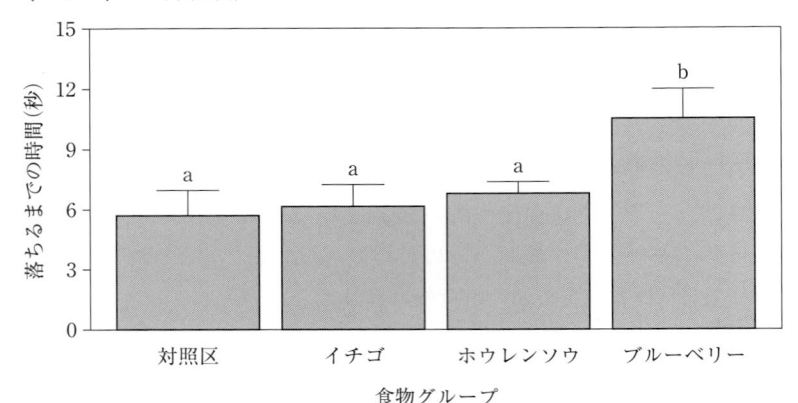

図3-4 棒状歩行試験の結果—ブルーベリーのエキスを添加した食餌区のラットは,運動能力が優れた—(Joseph et al. 1999)

胞の情報伝達,記憶機能,運動能力の機能が高まったことが示された(図3-4).また,ブルーベリーを与えた区では,脳の細胞が新しく生成されていた.これは,老齢のラットに新しい脳細胞が生成されることはないというこれまでの考えを覆すものであった.これらの結果から,ブルーベリー果実が保持している新たな機能性が注目されるようになった.

4. 栽培ブルーベリーの特徴

以上のように,ブルーベリーとビルベリーは,共通して「眼にいい」アントシアニン色素を,また,「生活習慣病」の予防効果が高い抗酸化作用の強いポリフェノール類を多く含んでいる.しかし,両者の果実利用法は異なる.

ビルベリーは,主に加工食品としての利用が中心で,生食されることは少ない.一方,ブルーベリーは生食が中心である.生果は,加工にともなう人間の健康の維持増進に必要な諸機能成分の消失や過剰摂取による弊害も少なく,また無機質,ビタミン類,食物繊維など,植物が自然の力を利用して作ったいろいろの栄養成分を含んだ,いわゆる優れた総合食品である.この点が生食を中心とした栽培ブルーベリー果実の最大の特徴である.

引用文献

I. 総論

第1章 栽培ブルーベリーの誕生

Austin, M. E. 1994. Rabbiteye blueberries. Agscince. Auburndale, FL. pp. 160.

Coville, F. V. 1910. Experiments in blueberry culture. U. S. Dept. Agr. Bull. 193.

Gough, R. E. 1994. The highbush blueberry and its management. Food Products Press, Binghamton, NY. pp. 272.

Eck, P. and N. F. Childers eds. 1966. Blueberry culture. Rutgers Univ. Press, New Brunswick, NJ. pp. 378.

Krewer, G. and S. NeSmith 2002. The Georgia blueberry industry:its history, present state, and potential for development in the next decade. Acta Hort. 574 : 101-106.

第2章 日本におけるブルーベリー生産

岩垣駛夫・石川駿二編著 1984. ブルーベリーの栽培. 誠文堂新光社. pp. 234.

日本ブルーベリー協会 2001. ブルーベリー導入五十年のあゆみ. 日本ブルーベリー協会. pp. 127.

日本ジャム工業組合 1992-2006. 各年度冷凍ベリー類およびジャム通関実績. 日本ジャム工業組合. 抜粋して利用.

農林水産省生産局生産流通振興課 2009. 平成18年度特産果樹生産動態等調査. 抜粋して利用.

財務省貿易統計 2007. ブルーベリーを検索（コード：0810. 40-000）http://www.customs.gojp/toukei/info/index. htm

第3章 世界におけるブルーベリー生産

Abolins, M. and L. Gurtaja 2006. *Vaccinium* spp. production techniques in Latvia. Acta Hort 715:185-190.

Bal, J. J. M, J. M. T. Balkhoven, and G. Peppelman 2006. Results of testing highbush blueberry cultivars in the Netherlands. Acta Hort 715 : 157-162.

Bañados M. P. 2006. Blueberry production in South America. Acta Hort 715 : 165-172.

Baptista, M. C., P. B. Oliveira, L. Lopes-da-Fonseca, and C. M. Oliveira 2006. Early ripening of southern highbush blueberries under mild winter conditions. Acta Hort 715 : 191-196.

Barrau, C., B. des los Santos, D. Calvo, J. J. Medina, J. M. Molina, and F. Romero 2006. Blueberries (*Vaccinium* spp.) in Huelva (Andalusia, Spain) :A preliminary study on production date. Acta Hort 715 : 255-260.

Brazelton, D. 2004. World highbush blueberry production 2003. Fall Creek Farm & Nursery. OR.

Childers, N. F. and P. M. Lyrene eds. 2006. Blueberries for growers, gardeners, promoters. N. F. Childers Publications, Gainesville, FL. pp. 266.

中央果実基金 2001. 中国におけるベリー類の産地化及び産業化に関する提言（資料要旨）. 中央果実基金通信. 海外果樹農業情報 56：74-77.

Eccher, T., N. Noe, and E. Carotti 2006. Field performance of *Vaccinium corymbosum* and *V. ashei* cultivars in northern Italy. Acta Hort 715 : 247-253.

Heiberg, N. and E. Stubhaug 2006. First results from cultivar trials with highbush blueberry in Norway. Acta Hort 715 : 307-311.

Konovalchuk, V. K. and V. V. Konovalchuk 2006. The resources of wild lowbush blueberries *Vaccinium myrtillus* L., *V. uliginosum* L.) and highbush blueberry culture in Ukraine. Acta Hort 715 : 55-59.

Lee, Y. 2006. 韓国におけるブルーベリー栽培事情. 私信.

Lyrene, P. M. 2002. Fruit and nut register, blueberry. HortScience 37 : 252-253.

Mladin, P., Gh. Mladin, E. Rudi, M. Radulescu, C. Mutafa, and A. Hororoi 2006. Variability in the chemical properties of blueberry germplasm. Acta Hort 715 : 579-588.

Moore, J. N. 1994. The blueberry industry of North America. HortTechnology 4 : 96-102.

農林水産省生産局果樹花き課 2005. 平成14年度特産果樹生産動態等調査. 抜粋して使用.

Paprstein, F., V. Holubec, and J. Sedlak 2006. Introduction of *Vaccinium* culture in the Czech Republic. Acta Hort 715 : 455-459.

Pliszka, K. 1997. Overview on *Vaccinium* production in Europe. Acta Hort. 446 : 49-52.

Pritts, M. P. and J. F. Hancock eds. 1992. Highbush blueberry production guide. NRAES, Cooperative Extension. Ithaca, NY. NRAES-55 : pp. 200.

Sjulin, T. M. 2003. The North American small fruit industry 1903-2003. II. Contributions of public and private research in the past 25 years and a view to the future. HortScience 38 : 960-967.

Strik, B. C. and D. Yarborough 2005. Blueberry production trends in North America, 1992 to 2003, and predictions for growth. HortTechnology 15 : 391-398.

Yadong Li, Wu Lin, and Zhang Zhidong 2002. Blueberry species introduction, selection and cultivation practice in China. Acta Hort. 574 : 159-163.

第4章 分類

Ballington, J. R. 2006. Taxonomic status of rabbiteye blueberry and implications for its further improvement. Acta Hort 715 : 73-75.

中国科学院植物研究所 1987. 中国高等植物図鑑. 科学出版社. 中国. 3冊:195-212, 782-785.

Eck, P. and N. F. Childers eds. 1966. Blueberry culture. Rutgers Univ. Press, New Brunswick, NJ. pp. 378.

Hiirsalmi, H. M. 1989. Research into *Vaccinium* cultivation in Finland. Acta Hort 241 : 175-184

伊藤裕司 2000. 日本に自生するブルーベリーの仲間. ブルーベリーシティつくば2000 国際シンポジウム講演集 (2000年7月1〜2日, つくば市で開催). 日本ブルーベリー協会. p. 65-66.

小松春喜・森田康代・辻 雅水・具志堅綾・小野政輝・鹿毛哲郎・吉岡克則・國武久登 2005. 我が国の野生種を利用したブルーベリーの品種改良. 第2回ブルーベリー研究発表会 (2005年4月, 東京で開催). 日本ブルーベリー協会. p. 18-25.

Luby, J. L., J. R. Ballington, A. D. Draper, K. Pliszka, and M. E. Austin 1991. Blueberries and cranberries (*Vaccinium*). In : Moore, J. N. and J. R. Ballington Jr. eds. Genetic resources of temperate fruit and nut crops. Acta Hort. 290 : 393-456.

玉田孝人 1996. ブルーベリー生産の基礎〔2〜3〕. 2. 分類. 農業および園芸 71 : 932-936, 1031-1036, 1127-1131.

Tamada, T. 2006. Blueberry production in Japan-today and in the future. Acta Hort 715 : 267-272.

USDA・GRIN 2005. U. S. Department of Agriculture-Agricultural Research Service, Germplasm Resources Information Network. http:/www.ars-grin.gov

Vander Kloet, S. P. 1988. The Genus *Vaccinium* in North America. Canadian Government Publishing Centre. Ottawa. pp. 201.

第 5 章　形　態
Coville, F. V. 1910. Experiments in blueberry culture. U. S. Dept. Agr. Bull. 193
Darnell, R. L. 2006. Blueberry botany / Environmental physiology. In : Childers and Lyrene eds.. Blueberries for growers, gardeners, promoters. N. F. Childers Publications. Gainesville, FL. p. 5 -13.
Eck, P. and N. F. Childers eds. 1966. Blueberry culture. Rutgers Univ. Press, New Brunswick, NJ. pp. 378.
Gough, R. E., V. G. Shutak, and R. L. Hauke 1978a. Growth and development of highbush blueberry, Ⅰ. Vegetative growth. J. Amer. Soc. Hort. Sci. 103 : 476-479.
Gough, R. E., V. G. Shutak, and R. L. Hauke 1978b. Growth and development of highbush blueberry, Ⅱ. Reproductive growth, histological studies. J. Amer. Soc. Hort. Sci. 103 : 94-97.
Tamada, T. 1997. Flower-bud differentiation of highbush and rabbiteye blueberries. Acta Hort. 446 : 349-356.
Williamson, J. and P. Lyrene 1995. Commercial blueberry production in Florida. Univ. of Florida, Cooperative Extension Service. FL. SP-179 : pp. 42.

Ⅱ．栽培技術
第 1 章　ブルーベリーのタイプおよび品種の選定
Eck, P. 1988. Blueberry science. Rutgers Univ. Press. New Brunswick, NJ. pp. 284.
Hancock, J,. and J. Siefker 1980. Highbush blueberry varieties for Michigan. Michigan State Univ. Cooperative Ext. Service. Ext. Bull. E-1456.
NeSmith, D. S. 2001. Development of southern highbush and rabbiteye blueberry cultivars adapted to Georgia, a progress report for 2000. 61st Annual Meeting, Southern Region, Amer. Soc. Hort. Sci. Special Session, Southern Blueberry / Small Fruit Workers. Fort Worth, TX. Distributed material pp. 10.
志村　勲 編著　1993．平成 4 年度種苗特性分類調査報告書（ブルーベリー）［平成 4 年度「農林水産省農産園芸局」種苗特性分類調査委託事業］．東京農工大学農学部園芸学教室．pp. 57.
玉田孝人 2004．ブルーベリー栽培に挑戦 ─ブルーベリーの品種特性 [1]─．農業および園芸 79：606-614.

第 2 章　品種の特徴
Austin, M. E. 1994. Rabbiteye blueberries. Agscience. Auburndale, FL. pp. 160.
Austin, M. E. 2002. The characteristics of newly cultivars of rabbiteye and southern highbush blueberries in the United States. 第 1 回ブルーベリー研究発表会（2002 年 4 月 13 日，東京で開催），日本ブルーベリー協会．p. 21-35.
Eck, P. 1988. Blueberry science. Rutgers Univ. Press. New Brunswick, NJ. pp. 284.
Gough, E. R. 1994. The highbush blueberry and its management. Food Products Press. Binghamton, NY. pp. 272.
堀込　允・佐藤正義・太刀川洋一・中條忠久　1999．ブルーベリー新品種'おおつぶ星'の特性．群馬園試報 4：29-33.
堀込　允・佐藤正義・太刀川洋一・中條忠久　2000．ブルーベリー新品種'あまつぶ星'の特性．群馬園試報 5：77-82.
岩垣駿夫・石川駿二 編著 1984．ブルーベリーの栽培．誠文堂新光社．pp. 239.
石川駿二 2001．品種，1．ハイブッシュブルーベリーの品種，2．ラビットアイブルーベリーの品種．特産のくだもの　ブルーベリー．（社）日本果樹種苗協会．p. 48-70.

引用文献

Lyrene, P. M. 1997. The brooks and olmo register of fruit & nut varieties （third edition）- blueberry. ASHS Press. Alexandria, VA. p. 174-188.
Lyrene, P. M. and M. K. Ehlenfeldt 1999. Fruit and nut register, blueberry. HortScience 34 : 184-185.
Lyrene, P. M. 2002. Fruit and nut register, blueberry. HortScience 37 : 252-253.
Lyrene, P. M. and J. R. Ballington 2006. Varieties and their characteristics. In : Childers and Lyrene eds. Blueberries for growers, gardeners, promoters. N. F. Childers Publications. Gainesville, FL. p. 26-37.
Lyrene, P. M. and J. M. Moore 2006. Blueberry breeding. In : Childers and Lyrene eds. Blueberries for growers, gardeners, promoters. N. F. Childers Publications. Gainesville, FL. p. 38-48.
水本文洋 2000. 北海道におけるブルーベリー品種の選定. ブルーベリーシティつくば2000国際シンポジウム講演集（2000年7月1〜2日. つくば市で開催）, 日本ブルーベリー協会. p. 67-71.
中島二三一 1996. 北国の小果樹栽培.（社）北海道農業改良普及協会. p. 25-77.
NeSmith, D. S., A. D. Draper, and J. M. Spiers 2002. 'Alapaha' rabbiteye blueberry. HortScience 37 : 714-715.
Piller, G., T. Nasu, M. Fukushima, N. Patel, and S. Iwahori 2002. A preliminary report on the performance of New Zealand blueberry cultivars in Japan. Acta Hort. 574 : 113-117.
Pritts, M. P. and J. M. Hancock eds. 1992. Highbush blueberry production guide. NRAES, Cooperative Extension, Ithaca, NY. NRAES-55. pp. 200.
志村 勲編著 1993. 平成4年度種苗特性分類調査報告書（ブルーベリー）[平成4年度「農林水産省農産園芸局」種苗特性分類調査委託事業]. 東京農工大学農学部園芸学教室. pp. 57.
Strik, B. ed. 1993. Highbush blueberry production. Pacific Northwest Extension Publication. PNW-215. pp. 72.
Tamada, T. 1996. Variety test of highbush blueberries in Chiba-ken, Japan. Acta Hort 446 : 171-176.
玉田孝人 2003. ブルーベリー栽培に挑戦—サザンハイブッシュブルーベリーの栽培指針 [2〜3], 2. 品種. 農業および園芸 78 : 505-513, 616-621.
玉田孝人 2004. ブルーベリー栽培に挑戦—ブルーベリーの品種特性 [1〜8]. 農業および園芸 79 : 606-617, 703-712, 815-820, 925-932, 1019-1023, 1118-1130, 1222-1224, 1304-1309.
Trehane, J. 2004. Blueberries, cranberries and other Vacciniums. Timber Press. Portland, OR. pp. 256
Williamson, J. and P. Lyrene 1995. Commercial blueberry production in Florida. Univ. of Florida, Cooperative Extension Service. SP-179:pp. 42.
横田 清 2000. 東北地方における品種選択とその栽培技術. ブルーベリーシティつくば2000国際シンポジウム講演集（2000年7月1〜2日. つくば市で開催）, 日本ブルーベリー協会. p. 83-86.

第3章　苗木養成

Austin, M. E. 1994. Rabbiteye blueberries. Agscience, Auburndale, FL. pp. 160.
石川駿二 1986. 休眠枝さしによるラビットアイ・ブルーベリーの発根について. 農工大農場研報 12 : 39-44.
岩垣駛夫・石川駿二編著 1984. ブルーベリーの栽培. 誠文堂新光社. pp. 239.

Mainland, C. M. 2006. Propagation of blueberries. In:Childers and Lyrene eds. Blueberries for growers, gardeners, promoters. N. F. Childers Horticultural Publications. Gainesville, FL. p. 49-55.
Moore, J. N. and D. P. Ink 1964. Effect of rooting medium, shading, type of cutting, and cold storage of cuttings on the propagation of highbush blueberry varieties. Proc. Amer. Soc. Hort. Sci. 84 : 285-294.
Pritts, M. P. and J. F. Hancock eds. 1992. Highbush Blueberry Production Guide. NRAES, Cooperative Extension, Ithaca, NY. NRAES-55. pp. 200.
Smagula, J. M. 2006. Tissue culture propagation. In:Childers and Lyrene eds.. Blueberries for growers, gardeners, promoters. N. F. Childers Horticultural Publications. Gainesville, FL. p. 55-56.

第 4 章　立 地 条 件

Bittenbender, H. C. and G. S. Howell Jr. 1976. Cold hardiness of flower buds from selected highbush blueberry cultivars (*Vaccinium australe* Small). J. Amer. Soc. Hort. Sci. 101 : 135-139.
Crane, J. H. and F. S. Davies 1987. Flooding, hydraulic conductivity, and root electrolyte leakage of rabbiteye blueberry plants. HortScience 22 : 1249-1252.
Crane, J. H. and F. S. Davies 1988. Flooding duration and seasonal effects on growth and development of young rabbiteye blueberry plants. J. Amer. Soc. Hort. Sci. 113 : 180-184.
Darnell, R. L. 2006. Blueberry botany/Environmental physiology. In:Childers and Lyrene eds. Blueberries for growers, gardeners, promoters. N. F. Childers Publications, Gainesville, FL. p. 5-13.
Davies, F. S. and J. A. Flore 1986. Gas exchange and flooding stress of highbush and rabbiteye blueberries. J. Amer. Soc. Hort. Sci. 111 : 565-571.
Eck, P. 1988. Blueberry science. Rutgers Univ. Press. New Brunswick, NJ. pp. 284.
Gilreath, P. R. and D. W. Buchanan 1981. Temperature and cultivar influences on the chilling period of rabbiteye blueberry, *Vaccinium ashei*. J. Amer. Soc. Hort. Sci. 106 : 625-628.
Gough, E. R. 1994. The highbush blueberry and its management. Food Products Press. Binghamton, NY. pp. 272.
Hancock, J. F., K. Haghishi, S. L. Krebs, J. A. Flore, and A. D. Draper 1992. Photosynthetic heat stability in highbush blueberries and the possibility of genetic improvement. HortScience 27 : 1111-1112.
Himelrick, D, G. and G. J. Galletta 1990. Factors that influence small fruit production. In:Galletta, J. G. and D. G. Himelrick eds. Small fruit crop management. Prentice Hall. Englewood Cliffs, NJ. p. 14-82.
Knight, R. J. and D. H. Scott 1964. Effects of temperatures on self- and cross-pollination and fruiting of four highbush blueberry varieties. Proc. Amer. Soc. Hort. Sci. 85 : 302-306.
小池洋男 1984．長野県のブルーベリー栽培．岩垣駿夫・石川駿二 編著，ブルーベリーの栽培．誠文堂新光社．p. 206-221.
国立天文台編 2003．理科年表．丸善．
Krewer, G. and S. NeSmith 2002. The Georgia blueberry industry:its history, present state, and potential for development in the next decade. Acta Hort. 574 : 101-106.
松坂泰明・栗原　淳 監修 1993．土壌・植物栄養・環境事典．博友社．pp. 430.
中島二三一 1984．北海道のブルーベリー栽培．岩垣駿夫・石川駿二 編著，ブルーベリーの栽培．

誠文堂新光社. p. 164-175.
中条忠久 1984. 群馬県のブルーベリー栽培. 岩垣駛夫・石川駿二 編著, ブルーベリーの栽培. 誠文堂新光社. p. 201-205.
Norvell, D. J. and J. N. Moore 1982. An evaluation of chilling models for estimating rest requirements of highbush blueberries (*Vaccinium corymbosum* L.) . J. Amer. Soc. Hort. Sci. 107 : 54-56.
Quamme, H. A., C. Stushnoff, and C. J. Weiser 1972. Winter hardiness of several species and cultivars in Minnesota. HortScience 7 : 500-502.
Spann, T. M., J. G. Williamson, and R. L. Darnell 2004. Photoperiod and temperature effects on growth and carbohydrate storage in southern highbush blueberry interspecific hybrid. J. Amer. Soc. Hort. Sci. 129 : 294-298.
Spiers, J. M. 1976. Chilling regimes affect bud break in Tifblue rabbiteye blueberry. J. Amer. Soc, Hort. Sci. 103 : 84-86.
Teramura, A. H., F. S. Davies, and D. W. Buchanan 1979. Comparative photosynthesis and transpiration in excised shoots of rabbiteye blueberry. HortScience 14 : 723-724.
Williamson, J., R. Darnell, G. Krewer, J, Vanerwegen and S. NeSmith 1995. Gibberellic Acid : A management tool for increasing yield of rabbiteye blueberry. J. Small Fruit Vitic. 3 : 203-218.

第 5 章 開園準備および植え付け

Eck, P. 1988. Blueberry science. Rutgers Univ. Press. New Brunswick. NJ. pp. 284.
Himelrick, D, G. and G. J. Galletta 1990. Factors that influence small fruit production. In:Galletta, J. G. and D. G. Himelrick eds. Small fruit crop management. Prentice Hall. Englewood Cliffs, NJ. p. 14-82.
Strik, B. ed. 1993. Highbush blueberry production. Pacific Northwest Extension Publication. PNW -215. pp. 72.
玉田孝人 1997. ブルーベリー生産の基礎 [12], 7. 開園・植え付け. 農業および園芸 72 : 728-734.
玉田孝人 2003. ブルーベリー栽培に挑戦―サザンハイブッシュブルーベリーの栽培指針 [5] ― 4. 開園準備, 植え付けおよびその後の管理. 農業および園芸 78 : 820-826.
Williamson, J. and P. Lyrene 1995. Commercial blueberry production in Florida. Univ. of Florida, Cooperative Extension Service. SP-179:pp. 42.

第 6 章 土壌管理および灌水

Abbott, J. D. and R. E. Gough 1987. Seasonal development of highbush blueberry roots under sawdust mulch. J. Amer. Soc. Hort. Sci. 112 : 60-62.
Cameron, J. S, C. A. Brum, and G. A. Hartley 1989. The influence of soil moisture stress on the growth and gas exchange characteristics of young highbush blueberry plants (*Vaccinium corymbosum* L.) . Acta Hort. 241 : 254-259.
Clark, J. R. and J. M. Moore 1991. Southern highbush blueberry response to mulch. HortTecnology 1 : 52-54.
Davies, F. S. and C. R. Johnson 1982. Water stress, growth, and critical water potentials of rabbiteye blueberry (*Vaccinium ashei* Reade) . J. Amer. Soc. Hort. Sci. 107 : 6-8.
Gough, R. E. 1994. The highbush blueberry and its management. Food Products Press. Binghamton, N. Y.. pp. 272.
石川駿二 1982. 火山灰土壌におけるブルーベリーの根群について. 園学要旨. 昭57秋 : 144-

145.
伊藤操子 1993. 雑草学総論. 養賢堂. p. 20-43.
Pritts, M. P. and J. F. Hancock eds. 1992. Highbush blueberry production guide. NRAES, Cooperative Extension. Ithaca, NY. NRAES-55. pp. 200.
Shutak, V. G. and E. P. Christopher 1952. Sawdust mulch for blueberries. Agri. Exper. Sta., Univ. of Rhode Island. Kingston, RI. Bull. 312.
Spiers, J. M. 1983. Irrigation and peatmoss for establishment of rabbiteye blueberries. HortScience 18 : 936-937.
Spiers, J. M. 1995. Substrate temperature influence root and shoot growth of southern highbush and rabbiteye blueberries. HortScience 30:1029-1030.
Spiers, J. M. 1996. Established 'Tifblue' rabbiteye blueberries respond to irrigation and fertilization. HortScience 31 : 1167-1168.

第7章 栄養特性，施肥および栄養診断

Ballinger, W. T. 1966. Soil management, nutrition, and fertilizer practices. In:Eck, P. and N. F. Childers eds.. Blueberry culture. Rutgers Univ. Press. New Brunswick, NJ. p. 132-178.
Ballinger, W. E. and E. F. Goldston 1967. Nutritional survey of Wolcott and Marphy blueberries (*Vaccinium corymbosum* L.) in Eastern North Carolina. NC. Exp. Sta. Tec. Bull. 178.
Cain, J. C. and P. Eck 1966. Blueberry and cranberry. In:Childers ed.. Temperate and tropical fruit nutrition. Horticultural Publications. New Brunswick, NJ. p. 101-129.
伊達　登・塩崎尚郎 編著 1997. 肥料便覧第5版. 農文協. p. 3-361.
Eck, P. 1988. Blueberry science. Rutgers Univ. Press. New Brunswick, NJ. pp. 284.
Gough, R. E. 1992. Diagnosis disorders of the highbush blueberry. J. Small Fruit Vitic. Vol. 1 : 63-84.
Gough, R. E. 1994. The highbush blueberry and its management. Food Products Press. Binghamton, NY. pp. 272.
Himelrick, D. G., A. A. Powell, and W. A. Dozier Jr. 1995. Commercial blueberry production guide for Alabama. Alabama cooperative extension system, Auburn Univ.. AL. ANR-904. pp. 21.
Johnston, S. E., J. Hull, Jr. and J. Moultin 1976. Hints of growing blueberries. Dept. of Hort. Michigan State Univ. Extension Bull. 564.
Korcak, R. F. 1988. Nutrition of blueberry and other calcifuges. In:Janic, J. eds.. Horticultural reviews. Vol. 10 : 183-227.
Korcak, R. F. 1989. Variation in nutrient requirements of blueberries and other calcifuges. HortScience 24 : 573-578.
Pritts, M. P. and J. F. Hancock eds. 1992. Highbush blueberry production guide. NRAES, Cooperative Extension, Ithaca, NY. NRAES-55. pp. 200.
Tamada, T. 1989. Nutrient deficiency of rabbiteye and highbush blueberries. Acta Hort. 241:132-138.
Tamada, T. 1993. Effects of the nitrogen sources on the growth of rabbiteye blueberry under soil culture. Acta Hort. 346 : 207-213.
玉田孝人・西川里子・山越祐一・飯田啓市 1994. ブルーベリー葉中無機成分濃度の季節変化および千葉県内数カ所のラビットアイブルーベリー園の葉分析調査. 千葉農大校紀要7 : 33-45.
Tamada, T. 1997a. Effect of manganese, copper, zinc and aluminium application rate on the growth and composition of 'Woodard' rabbiteye blueberry. Acta Hort. 446 : 497-506.
玉田孝人 1997b. ブルーベリー生産の基礎 [14～18], 9. 栄養特性および施肥. 農業および園芸

72 : 932-934, 1031-1034, 1141-1146, 1239-1243, 1329-1334.
Tamada, T. 2004. Effects of nitrogen sources on growth and leaf nutrient concentrations of 'Tifblue' rabbiteye blueberry under water culture. In:Forney and Eaton eds.. Proceedings of the ninth North American blueberry research and extension workers conference. Food Products Press. Binghamton, NY. p. 149-158.
Townsend, L. R. 1971. Effects of acidity on growth and nutrient composition of the highbush blueberry. Can. J. Plant Sci. 51 : 385-390.

第8章　花芽分化，受粉および結実

Darnell, R. L. 1991. Photoperiod, carbon partitioning, and reproductive development in rabbiteye blueberry. J. Amer. Soc. Hort. Sci. 116 : 856-860.
Eck, P. 1988. Blueberry science. Rutgers Univ. Press. New Brunswick, NJ. pp. 284.
Edwards, T. W. Jr., W. B. Shermann, and R. H. Sharpe 1972. Seed development in certain Florida tetraploid and hexaploid blueberries. HortScience 7 : 127-128.
Gough, R. E., V. G. Shutak, and R. L. Hauke 1978. Growth and development of highbush blueberry. II. Reproductive growth, histological studies. J. Amer. Soc. Hort. Sci. 103 : 476-479.
Gough, R. E. 1994. The highbush blueberry and its management. Food Products Press. Binghamton, NY. pp. 272.
Gupton, C. L., and J. M. Spiers 1994. Interspecific and intraspecific pollination effects in rabbiteye and southern highbush blueberry. HortScience 29 : 324-326.
Hall, I. V., D. L. Craig, and L. E. Aalders 1963. The effect of photoperiod on the growth and flowering of the highbush blueberry (*Vaccinium corymbosum* L.). Proc. Amer. Soc. Hort. Sci. 82 : 260-263.
Knight, R. J., and D. H. Scott 1964. Effects of temperatures on self- and cross-pollination and fruiting of four highbush blueberry varieties. Proc. Amer. Soc. Hort. Sci. 85 : 302-306.
Mainland, C. M. and P. Eck 1968. Growth regulator survey for activity in inducing parthenocarpy in the highbush blueberry. HortScience 3 : 170-172.
Moore, J. N. 1964. Duration of receptivity to pollination of flowers of the highbush blueberry and the cultivated strawberry. Proc. Amer. Soc. Hort. Sci. 85 : 295-301.
下條美加 1995. ブルーベリーの形態的花芽分化について．千葉県農業大学校研究科平成7年度卒業論文．
Spann, T. M., J. G. Williamson, and R. L. Darnell 2003. Photoperiodic effects on vegetative and reproductive growth of *Vaccinium darrowi* and *V. corymbosum* interspecific hybrids. HortScience 38 : 192-195.
Tamada, T., H. Iwagaki, and S. Ishikawa 1977. The pollination of rabbiteye blueberries in Tokyo. Acta Hort. 61 : 335-341.
玉田孝人・木原　実 1991. 花粉親がハイブッシュ及びラビットアイブルーベリーの結実，果実の大きさ及び種子数に及ぼす影響．千葉農大校紀要 5 : 17-27.
玉田孝人・石野久美子 1992. ラビットアイ及びハイブッシュブルーベリーの花粉発芽に好適な培地条件の検討，並びに花粉発芽率の品種間差異．千葉農大校紀要 6 : 25-37.
Williamson J. and P. Lyrene 1995. Commercial blueberry production in Florida. Univ. of Florida, Cooperative Extension Service. SP-179 : pp. 43.
Williamson, J. G. and E. P. Miller 2002. Early and mid-fall defoliation reduce flower bud number and yield of southern highbush blueberry. HortTechnology 12 : 214-216.
Young, M. J., and W. B. Sherman 1978. Duration of pistil receptivity, fruit set, and seed

production in rabbiteye and tetraploid blueberries. HortScience 13 : 278-279.

第9章　果実の成長および成熟

Ballinger, W. E., and L. J. Kushman 1970. Relationship of stage or ripeness to composition and keeping quality of highbush blueberries. J. Amer. Soc. Hort. Sci. 95 : 239-242.

Eck, P., R. E. Gough, I. V. Hall, and J. M. Spiers 1990. Blueberry management. In:Galletta, G. J. and D. G. Himelrick ed.. Small fruit crop management. Prentice Hall. Englewood Cliffs, NJ. p. 273-333.

Gough, R. E. and W. Litke 1980. An anatomical and morphological study of abscission in highbush blueberry fruit. J. Amer. Soc. Hort. Sci. 105 : 335-341.

Gough, R. E. 1983. The occurrence of mesocarpic stone cells in the fruit of cultivated highbush blueberry. J. Amer. Soc. Hort. Sci. 108 : 1064-1067.

Gough, R. E. 1994. The highbush blueberry and its management. Food Products Press. Binghamton, NY. p. 11-65.

Huang, Y. H., G. A. Lang, C. E. Johnson, and M. D. Sundberg 1997. Influences of cross- and self - pollination on peroxidase activities, isozymes, and histlogical localization during 'Sharpblue' blueberry fruit development. J. Amer. Soc. Hort. Sci. 122 : 616-624.

伊藤三郎 1994. 果実の科学. 朝倉書店. p. 125-129.

岩垣駛夫・玉田孝人 1971. ラビットアイブルーベリー果実の横径生長と熟期および種子数との関係. 園学要旨. 昭46春 : 10-11.

Mainland, C. M. and P. Eck 1971. Endogenous auxin and gibberellin-like activity in highbush blueberry flowers and fruit. J. Amer. Soc. Hort. Sci. 98 : 141-145.

志村　勲・小林幹夫・石川駿二 1986. ブルーベリー果実の発育特性とその品種間差異について. 園学雑 55 : 46-49.

玉田孝人・篠塚美千代・川島　弘 1988. ブルーベリー果実の生長周期及び糖度・酸度の季節変化. 千葉農大校紀要 4 : 1-8.

Young, G. S. 1952. Growth and development of the blueberry fruit （*Vaccinium corymbosum* L. and *V. anguestifolium* Ait.）. Pro. Amer. Soc. Hort. Sci. 59 : 167-172.

第10章　収穫および出荷

Ballinger, W. E., E. P. Maness, and W. F. McClure 1976. Refrigeration of blueberries for higher quality to the consumer. Proc. 9th Ann Open House Southeastern Blueberry Council, North Carolina State University, p. 29-53. Cited in:Eck, P. 1988. Blueberry science. Rutgers Univ. Press. New Brunswick, NJ. p. 207-208.

Ballinger, W. E., E. P. Maness, and W. F. McClure 1978. Relationship of stage of ripeness and holding temperatures to decay development in blueberries. J. Amer. Soc. Hort. Sci. 103 : 130-134.

Cappellini, R. A., A. W. Stretch, and J. W. Maiello 1972. Fungi associated with blueberries held at various storage times and temperatures. Phytophathology 62 : 68-69.

Cappellini, R. A., M. J. Ceponis, and G. Koslow 1982. Nature and extent of losses in consumer-grade samples of blueberries in greater New York. HortScience 17 : 55-56.

Gough, R. E. 1994. The highbush blueberry and its management. Food Products Press. Binghamton, NY. pp. 272.

Himelrick, D. G., A. A. Powell, and W. A. Dozier Jr. 1995. Commercial blueberry production guide for Alabama. Alabama Cooperative Extension System. Auburn Univ. AL. ANR-904. pp.

21.
Hudson, D. H. and W. H. Tietjen 1981. Effects of cooling rate on shelf life and decay of highbush blueberries. HortScience 16 : 656-657.
伊藤三郎 1994. 果実の科学. 朝倉書店. p. 125-128.
Miller, W. R., R. E. McDonald, C. F. Melvin, and K. A. Munroe 1984. Effect of package type and storage time-temperature on weight loss, firmness, and spoilage of rabbiteye blueberries. HortScience 19 : 638-640.
Miller, W. R., R. E. McDonald, and T. E. Crocker 1988. Fruit quality of rabbiteye blueberries as influenced by weekly harvest, cultivars, and storage durations. HortScience 23 : 182-184.
Miller, W. R., R. E. McDonald, and T. E. Crocker 1993. Quality of two Florida blueberry cultivars after packaging and storage. HortScience 28 : 144-147.
Sapers, G. M., A. M. Burgher, J. G. Phillips, S. B. Jones and E. G. Stone 1984. Color and composition of highbush blueberry cultivars. J. Amer. Soc. Hort. Sci. 109 : 105-111.
Sargent, S. A., J. K. Brecht, and C. F. Forney 2006. Blueberry harvest and postharvest operations:quality maintenance and food Safety. In:Childers and Lyrene eds. Blueberries for growers, gardeners, promoters. N. F. Childers Publications. Gainesville, FL. p. 139-151.
玉田孝人 2003. ブルーベリー栽培に挑戦―サザンハイブッシュブルーベリーの栽培指針 [9 ～ 10] ―8. 果実の収穫および収穫後の取り扱い, 出荷. 農業および園芸 78 : 1218-1222, 1311-1315.
USDA 1995. United states standards for grades of blueberries. Agr. Marketing Service. Washington, D. C.
Williamson J. and P. Lyrene 1995. Commercial blueberry production in Florida. Univ. of Florida, Cooperative Extension Service. SP-179 : pp. 42.

第11章　整枝・剪定

Austin, M. E. 1994. Rabbiteye blueberries. Agscience, Auburndale, FL. pp. 160.
Gough, R. E. 1994. The highbush blueberry and its management. Food Products Press. Binghamton, NY. pp. 272.
Himelrick, D. G., A. A. Powell and W. A. Dozier Jr. 1995. Commercial blueberry production guide for Alabama. Alabama Cooperative Extension System, Auburn Univ. AL. ANR-904. pp. 21.
岩垣駛夫 1984. ブルーベリーの整枝, 剪定. 岩垣駛夫・石川駿二 編著　ブルーベリーの栽培. 誠文堂新光社. p. 74-82.
Pritts, P. M. and J. F. Hancock eds. 1992. Highbush blueberry production guide. NRAES Cooperative Extension, Ithaca, NY. NRAES-55. pp. 200.
志村　勲 編著 1993. 平成4年度種苗特性分類調査報告書（ブルーベリー）[平成4年度「農林水産省農産園芸局」種苗特性分類調査委託事業]. 東京農工大学農学部園芸学教室. pp. 57.
Williamson J. and P. Lyrene 1995. Commercial blueberry production in Florida. Univ. of Florida, Cooperative Extension Service. SP-179 : pp. 42.
Yarborough, D. E. 2006. Blueberry pruning and pollination. In:Childers and Lyrene eds.. Blueberries for growers, gardeners, promoters. N. F. Childers Publications, Gainesville, FL. p. 75-83.

第12章　気象災害と対策

Lyrene, P. M. and J. G. Williamson 2006. Protecting blueberry from freezes. In:Childers and Lyrene eds.. Blueberries for growers, gardeners, promoters. N. F. Childers Publications,

Gainesville, Fl. p. 21-25.
中島二三一 1996. 北国の小果樹栽培. ブルーベリー. 北海道農業改良普及協会. p. 26-77.
Spiers, J. M. 1978. Effect of stage of bud development on cold injury in rabbiteye blueberry. J. Amer. Soc. Hort. Sci. 103 : 452-455.

第13章 病気および害虫の防除

Caruso, F. L. and D. C. Ramsdell 1995. Compendium of blueberry and cranberry diseases. APS Press, American Phytopathological Society. pp. 87.
Cline, W. O., J. Meyer, and K. Sorensen 2003. 2003 blueberry spray schedule -for control of diseases and insects. Proc. 37th annual open house. North Carolina Blueberry Council and North Carolina State Univ.,Cooperative Extension Service. NC. p. 48-50.
Cline, W. O. and A. Schilder 2006. Identification and control of blueberry. In: Childers, and Lyrene eds.. Blueberries for growers, gardeners, promoters. N. F. Childers Publications. Gainesville, FL. p. 115-138.
梶原敏宏・梅谷献二・浅川 勝 共編 1986. 作物病害虫ハンドブック. 養賢堂. pp. 1446.
岸 國平 編 1998. 日本植物病害大事典. 全国農村教育協会. pp. 1276.
Liburd, O. E. and H. A. Arevalo 2006. Insects and mites in blueberries. In: Childers and Lyrene eds.. Blueberries for growers, gardeners, promoters. N. F. Childers Publications. Gainesville, FL. p. 99-110.
Milholland, R. D. 1989. Blueberry diseases. Small fruit pest management & culture. Cooperative Extension Service, Univ. of Georgia, Bull. 1022. p. 29-41.
農林水産消費安全センター 2008. 農薬登録情報検索システム. http://www.asc.famic.go.jp/seachF/vtllm001.html
Pritts, M. P. and J. F. Hancock eds. 1992. Highbush blueberry production guide. NRAES, Cooperative Extension, Ithaca, NY. NRAES-55. pp. 200.
坂神泰輔・工藤 晟 編 1995. ひと目でわかる果樹の病害虫-第三巻-. 日本植物防疫協会. pp. 261.
梅谷献二・岡田利承 2003. 日本農業害虫大事典. 全国農村教育協会. pp. 1202.

第14章 鳥獣害と対策

江口祐輔・三浦慎悟・藤岡正博 編著 2002. 鳥獣害対策の手引き. 日本植物防疫協会. pp. 154.
Pritts, M. P. and J. F. Hancock eds. 1992. Highbush blueberry production guide. NRAES, Cooperative Extension, Ithaca, NY. NRAES-55. pp. 200.
Pritts, M. P. 2006. Vertebrate pests in blueberry fields. In:Childers and Lyrene eds.. Blueberries for growers, gardeners, promoters. N. F. Childers publications. Gainesville, FL. p. 111-114.

第15章 施設栽培

真子正史 1995. 施設栽培, 志村 勲 編著. 果樹園芸. (社) 全国農業改良普及協会. p. 199-236.
玉田 孝人 2005. サザンハイブッシュブルーベリーの促成栽培―可能性の検討―第2回ブルーベリー研究発表会 (2005年 4月24日, 東京で開催). 日本ブルーベリー協会. p. 67-75.
Tamada, T. and M. Ozeki 2006. Variety test of southern highbush blueberry for forcing culture in Japan. 10th North American blueberry research & extension workers'conference (June 4-8, 2006, Tifton, Georgia). Proceedings; 192-199.

III. 果実品質．保健成分および機能性

第1章　店頭に並んだ果実の品質

Ballinger, W. E., E. P. Maness, and W. F. McClure 1978. Relation ship of stage of ripeness and holding temperatures to decay development in blueberries. J. Amer. Soc. Hort. Sci. 103 : 130-134.

Cappellini, R. A., M. J. Ceponis, and G. Koslow 1982. Nature and extent of losses in consumer-grade samples of blueberries in greater New York. HortScience 17 : 55-56.

河瀬憲次 1995. 園芸農産物の品質の特徴（果樹）．（社）日本園芸施設協会編．野菜・果実・花きの高品質ハンドブック．p. 6

第2章　ブルーベリーの保健成分

Ehlenfeldt, M. K., F. I. Meredith and J. R. Ballington 1994. Unique organic acid profile of rabbiteye vs. highbush blueberries. HortScience 29 : 321-323.

伊藤三郎 1994. 果実の科学．朝倉書店．p. 125-128.

香川芳子 監修 2005. 五訂増補　食品成分表 2006. 女子栄養大学出版部．pp. 606.

Kalt, W. 2001. Health functional phytochemicals of fruit. Horticultural Reviews, Vol. 27 : 269-315.

健康・栄養情報研究会 1999. 第六次改定日本人の栄養所要量，食事摂取基準．第一出版．pp. 273.

国立健康・栄養研究所 監修／山田和彦・松村康弘 編著 2003. 健康・栄養食品アバドバイザリースタッフ・テキストブック．第一法規．pp. 336.

日本栄養・食糧学会 監修／吉川敏一・五十嵐　脩・糸川嘉則 編集 1997. フリーラジカルと疾病予防．建帛社．pp. 189.

日本ブルーベリー協会提供 1995.（財）日本食品分析センター分析資料

玉田孝人 2002. ブルーベリー栽培に挑戦—サザンハイブッシュブルーベリーの栽培指針［11］．農業および園芸 79 : 62-72.

USDA Human Nutrition Information Service 1982. Composition of foods, fruits and fruit juices, raw • processed prepared. Agriculture Handbook, No. 8.

第3章　果実の機能性

Ehlenfeldt, M. K. and R. L. Prior 2001. Oxygen radical absorbance capacity (ORAC) and phenolic and anthocyanin concentrations in fruit and leaf tissues of highbush blueberry. J. Agr. Food Chem. 49 : 2222-2227.

伊藤三郎 1997. ブルーベリーの優れた機能性と健康．食品工業．Vol. 40 (16) : 16-24.

伊藤三郎 1998. ブルーベリーの最新事情と将来展望．食品工業．Vol. 41 (16) : 16-21.

Joseph, J. A., B. Shukitt-Hale, N. A. Denisova, D. Bielinski, A. Martin, J. J. McEween, and P. C. Nickford 1999. Reversals of age-related declines in neuronal signal transduction, cognitive, and motor behavioral deficities with blueberry, spinach, or strawberry dietary supplementation. J. Neurosci. 19 (18) : 8114-8121.

Kalt, W. and D. Dufour 1997. Health functionality of blueberries. HortTechnology 7 : 216-221.

Kalt, W. 2001. Health functional phytochemicals of fruit. Horticultural Reviews, Vol. 27 : 269-315.

Kalt, W., A. Howell, J. C. Duy, C. F. Fornet, and J. E. McDonald 2001. Horticultural factors affecting anti-oxidant capacity of blueberries and other small fruit. HortTechnology : 523-528.

Kalt, W. 2002. 北米ワイルドブルーベリーの健康機能性. ワイルドブルーベリーシンポジウム講演要旨. ワイルドブルーベリーシンポジウム実行委員会（2002年5月15日開催）. p. 23-85.

Mainland, C. M. 2005. Functionality of cultivated blueberries. ifia JAPAN 2005 第10回国際食品素材／添加物展・会議　機能性関連要旨（共催：日本ブルーベリー協会第5回機能性シンポジウム，2005年4月28日開催）. ifia JAPAN 2005 国際会議事務局. 要旨集 19；1-8.

Morazzoni, P. 1998. 標準化されたビルベリー乾燥エキス（ミルトセレクト^{TM}）の化学的特性，薬理及び臨床. 食品工業. Vol. 41 (16)：36-45.

中村英雄 1997. ブルーベリーエキスの開発と利用. 食品工業. Vol. 40 (16)：47-55.

中山交市・草野　尚 1990-1991. ワイルドブルーベリー由来の生理機能性―その1〜その5 (3) ―. 食品工業　Vol. 33 (8) 〜Vol. 34 (2).

大庭理一郎・五十嵐喜治・津久井亜紀夫 編著 2000. アントシアニン―食品の色と健康―建帛社. pp. 245.

Prior, R. L. 1998. Antioxidant capacity and health of fruits and vegetables：Blueberries, the leader of the pack.（私信）.

Prior, R. L., G. Cao, A. Martin, E. Sofic, J. McEwen, C. O' Brien, N. Lischner, M. Ehlenfeldt, W. Kalt, G. Krewer, C. M. Mainland 1998. Antioxidant capacity as influenced by total phenolic and anthocyanin content, maturity, an variety of *Vaccinium* species. J. Agr. Food Chem. 46：2686-2693.

佐々木務 1995. ブルーベリーエキスの開発と利用. ブルーベリーの機能性に関するシンポジウム. 日本ブルーベリー協会. p. 20-27.

津志田藤二郎 1997. ブルーベリーの生理的な機能性. 食品工業. Vol. 40 (16)：34-39.

索　引

英数字

1次伸長枝・春枝 …………… 34
1年生雑草 …………………… 97
2次伸長枝・夏枝 …………… 34
2分の1刈り込み …………… 148
3次伸長枝・秋枝 …………… 35
3分の1刈り込み …………… 148
50％収穫日 ………………… 168
Batodendron 節 …………… 26
Ca 欠乏 ……………………… 110
Cyanococcus 節 …………… 25
Fe 欠乏 ……………………… 111
GA 活性 ……………………… 123
Herpothamnus 節 ………… 26
K 欠乏症 …………………… 110
Mg 欠乏 …………………… 110
Mn 欠乏 …………………… 111
Myrtillus 節 ……………… 25
N 欠乏 ……………………… 109
N 施用量 …………………… 109
Oxycoccoides 節 ………… 26
Oxycoccus 節 …………… 25
P 欠乏 ……………………… 109
Polycodium 節 …………… 26
Pyxothamnus 節 ………… 26
V. angustifolim …… 24, 27
V. boreale ………………… 28
V. caesariense …………… 28
V. corymbosum ……… 24, 27
V. darrowi …………… 26, 27
V. elliottii ………………… 28
V. formosum …………… 28
V. fuscatum …………… 29
V. hirsutum …………… 29
V. myrsinites …………… 29
V. myrtilloides ……… 26, 28
V. pallidum …………… 29
V. simulatum …………… 29
V. tenellum …………… 29
V. virgatum ………… 24, 28
Vaccinium 節 …………… 25
Vitis - Idaea 節 ………… 25

あ

亜鉛 ………………………… 175
アーリーブルー …………… 50
秋植え ……………………… 89
アダムズ …………………… 3
あまつぶ星 ………………… 48
アメリカ …………………… 13
アラパファ ………………… 64
アルゼンチン ……………… 17
アンモニア態 ……………… 106
アンモニア態窒素 …… 102, 108

い

硫黄華 …………………… 86
イタリア ………………… 19
一挙更新 ………………… 148
イネ科作物 ……………… 86
イネ科牧草 ……………… 96

う

ウェイマウス …………… 4
ウォーカー ……………… 4
ウッダード …………… 5, 65

え

エセル …………………… 4
エチョータ ……………… 52
エチレン ………………… 126

お

追い払い法 ……………… 161
オーキシン ……………… 123
オースチン ……………… 66
おおつぶ星 ……………… 49
おがくず ………………… 94
おがくず堆肥 …………… 86
オザークブルー ………… 60
オーストラリア ………… 20
落ち葉 …………………… 94
オニール ………………… 57
オランダ ………………… 18

か

開花期間 ………………… 115
階級 ……………………… 134
花芽分化 …………… 78, 113

索　引

花冠 ……………………… 36
夏期剪定 ………………… 142
鹿児島大学 ……………… 6
果実の分離 ……………… 129
過剰症状 ………………… 109
果色 ……………………… 179
化成肥料 ………………… 106
果糖 ………………… 127, 177
カナダ …………………… 16
果肉の硬さ ……………… 46
果粉 ……………………… 38
果柄痕 …………………… 46
カボット ………………… 4
韓国 ……………………… 22
灌水の間隔 ……………… 98
灌水量 …………………… 98
眼精疲労改善作用 ……… 182

き

ギイマ …………………… 31
機械収穫 ………………… 132
機械的雪害 ……………… 149
キナ酸 …………………… 177
キャサリン ……………… 4
キャッツワース ………… 3
キャラウェイ …………… 5
旧枝 ……………………… 140
休眠覚醒 ………………… 79
京都府立大学 …………… 6
切り返し剪定 …………… 141

く

クエン酸 ……………………128, 177
クライマックス ……………………65
クラウン ……………………………140
クラムシェル型容器 ……………136
クララ …………………………………4
グリーンピンク期 …………125, 129
グロバー ………………………………3
黒ボク土 ……………………………87
クロマメノキ ……………31, 32, 33

け

結合組織の強化作用 ……………183
血小板凝固保護作用 ……………182
健全葉 ……………………………115

こ

抗潰瘍作用 ………………………183
抗酸化ビタミン …………………176
耕種的方法 …………………………97
高度化成 …………………………106
光合成 ………………………………76
コースタル ……………………………5
呼吸量 ……………………………126
コケモモ ………………31, 32, 33
コハク酸 …………………………178
コビル ………………………………56
コリンス ……………………………50
混合土 ………………………………71
根毛 …………………………………39

さ

最大肥大期 …………………121, 122

採穂時期

採穂時期 ……………………69, 72
採葉適期 …………………………112
サウスムーン ………………………59
挿し床 ………………………………70
砂壌土 ………………………………82
砂土 …………………………………82
サファイア …………………………59
サミット ……………………………61
サム ……………………………………3

し

シェイラ ……………………………54
視覚機能改善作用 ………………182
シベレリン様物質 ………………124
子房下位 ……………………………36
ジャージー ……………………………4
遮光 …………………………………72
シャシャンボ …………………31, 33
重粘土壌 ……………………………87
硝酸態窒素 …………………102, 108
壌砂土 ………………………………82
受精可能期間 ……………………119
埴壌土 ………………………………82
埴土 …………………………………82
真果 …………………………………37

す

スター ………………………………58
スタンレー ……………………………4
スプリンクラー方式 ………………99
スパータン …………………………52
スペイン ……………………………18

せ

清耕法 …………………………94
成熟過程の緑色期 …………125
成熟期 ………………………126
成長速度 ……………………122
成木期 ………………………105
石細胞 ………………………129
折衷法 …………………………95
施肥時期 ……………………107
施肥量 ………………………107
全面早生法 ……………………95
剪定の強弱 …………………142

そ

ソーイ …………………………3
ソバ（蕎麦） …………………86
損傷果実 ……………………134

た

耐寒性 …………………… 47, 79
短日条件 ……………………115
湛水 ……………………………84
ダンフィー ……………………3
タンポポ ……………………118

ち

地下水位 ………………………83
チッペワ ………………………62
着生花房数 …………………115
チャンドラー …………………56
中国 ……………………………21
チリ ……………………………16

つ

追肥 …………………………107
強いシュート …………………35

て

ティフブルー ……………… 5, 68
低温順化 ………………………80
低温貯蔵 ……………………137
低温要求量 ………………47, 79
手収穫 ………………………131
デューク ………………………49

と

ドイツ …………………………17
東京農工大学 …………………6
冬期剪定 ……………………142
等級区分 ……………………134
糖酸比 ………………………128
糖尿病性網膜症 ……………182
土壌サンプル ………………112
トッピング …………………142
トップハット …………………64
トリクル方式 …………………99

な

ナツハゼ ………………… 31, 33

に

日長 …………………………115
尿路感染症 …………………183
ニュージーランド ……………21

ね

根の成長周期 …………………93

の

ノースカントリー ……………………63
ノーススカイ …………………………63
ノースランド …………………………62
農林省特産課 ……………………… 6
農林省北海道農業試験場 ……… 5, 7

は

バーク …………………………………94
バーク堆肥 ……………………………86
ハーディング ……………………… 3
パイオニア ………………………… 4
胚珠の発育 …………………………120
パウダーブルー ……………………67
発根率 ………………………………70
鉢上げ ……………………………71, 73
パトリオット ………………………51
葉の形 ………………………………35
春植え ………………………………89
春肥 …………………………………107
晩霜害 ………………………………150

ひ

ピートモス ………………………86, 87
肥大停滞期 …………………121, 122
日持ち性 ……………………………47
ビルベリー ………………………32, 33

ふ

風味（食味）………………………46
福島県園芸試験場 ………………… 6
普通化成（低度化成）……………106
普通化成肥料 ………………………91
ブッシュ（Bush, そう生）………33
ブドウ糖 ……………………127, 177
部分深耕 ……………………………98
冬囲い ……………………………150
ブライトウェル ……………………66
ブラックジャイアント …………… 4
ブラックチップ ……………………34
フランス ……………………………19
ブリジッタブルー …………………55
プル …………………………………54
ブルー期 ……………………………126
ブルークロップ ……………………53
ブルーゴールド ……………………55
ブルージェイ ………………………51
ブルータ ……………………………49
ブルーピンク期 ……………………125
ブルーヘブン ………………………53
ブルーレイ …………………………53
ブルックス ………………………… 2

へ

ヘッジング …………………………142
ペンバートン ……………………… 4

ほ

放飼期間 ……………………………118
防鳥網 ………………………………161
防風ネット …………………………149
ホームベル ………………………5, 66
ホゴッド …………………………… 4
北海道大学 ………………………… 6
北海道立農業試験場 ……………… 7

ポーランド ······················17
ポラリス ·······················62
ポリフィルムマルチ ·········95
ポルトガル ····················18
　　　　　ま
マイヤーズ ······················4
マグノリア ····················60
間引き剪定 ··················141
マルハナバチ ········116, 117
マンガン ·····················175
　　　　　み
未熟な緑色期 ········125, 129
ミスティー ····················59
ミツバチ ·····················116
南アフリカ ····················20
　　　　　め
メキシコ ·······················16
メタキセニア ···············117
　　　　　も
毛細血管保護作用 ··········183
木材チップ ····················94
もみがら ················87, 94
　　　　　ゆ
有機質肥料 ··················106
有機物マルチ法 ··············94
　　　　　よ
葉縁 ·····························35

索　引（205）

幼果期 ·······················121
幼木期 ·······················104
葉序 ·····························35
用土 ···························167
四分子 ··························36
　　　　　ら
ラッセル ························2
ラヒ ·····························67
ランコカス ·····················4
　　　　　り
リベイル ·······················58
硫酸塩 ························106
留鳥 ···························161
リンゴ酸 ·····················177
　　　　　る
ルーベル ························3
　　　　　れ
冷凍貯蔵 ·····················138
レイトブルー ·················57
礼肥 ···························107
レガシー ·······················54
裂果性 ··························47
　　　　　ろ
老人性白内障 ···············182
老木期 ·······················105
　　　　　わ
若木時代 ·····················105

著者略歴

玉田孝人（たまだたかと）

　1940年　岩手県生まれ
　1970年　東京農工大学大学院農学研究科修士課程修了
　1970〜2000年　千葉県農業短期大学校および農業大学校で果樹園芸担当．在職中の30年間，農業後継者ならびに農村指導者の養成に従事しながら，ブルーベリーの生産に関する研究を行う．成果は国内・外の諸学会で発表．
　2000年　千葉県農業大学校を定年退職．以降，日本ブルーベリー協会副会長．

主な著書

　農業技術体系果樹編　第7巻　特産果樹（共著　農文協1999），そだててあそぼう〔31〕ブルーベリーの絵本（農文協 2001），特産のくだもの　ブルーベリー（共著　日本果樹種苗協会 2001），ブルーベリー百科 Q&A（共著　日本ブルーベリー協会 2002），ブルーベリー全書（共著　日本ブルーベリー協会 2005），Blueberries for Growers, Gardeners, Promoters（共著　Dr. N. F. Childers Publications 2006），育てて楽しむブルーベリー・12カ月（共著　創森社 2008），その他多数．

主要な専門雑誌記事

　ブルーベリー生産の基礎（農業および園芸 1996年7月号〜99年7月号），ブルーベリー栽培に挑戦（農業および園芸 2003年4月号〜05年3月号）．

JCOPY ＜（社）出版者著作権管理機構　委託出版物＞

2009　　ブルーベリー生産の基礎

2008年8月29日　第1版発行
2009年8月20日　訂正第2版

著者との申し合わせにより検印省略

©著作権所有

定価3360円
（本体 3200円
　税　5%）

著作者　　玉田孝人
発行者　　株式会社　養賢堂
　　　　　代表者　及川　清
印刷者　　株式会社　真興社
　　　　　責任者　福田真太郎

発行所　〒113-0033 東京都文京区本郷5丁目30番15号
株式会社 養賢堂
TEL 東京(03)3814-0911　振替00120-7-25700
FAX 東京(03)3812-2615
URL http://www.yokendo.com/
ISBN978-4-8425-0441-4　C3061

PRINTED IN JAPAN　　　製本所　株式会社三水社

本書の無断複写は著作権法上での例外を除き禁じられています．
複写される場合は，そのつど事前に，（社）出版者著作権管理機構
（電話 03-3513-6969，FAX 03-3513-6979，e-mail:nfo@jcopy.or.jp）
の許諾を得てください．